読めないと恥ずかしい漢字1500

日本人なら、これくらいは知らなくちゃ!

日本語倶楽部[編]

河出書房新社

表紙イラスト●鈴木博美
本文イラスト●所ゆきよし
●山本サトル
装丁●(有)ぴぃぴぃぴぃ
協力●オフィスGEN

表紙・裏表紙の漢字の答え

表紙……「ところてん」「みぞおち」「そそのかす」「いささか」

裏表紙…「はたん」「ふんぱん」「わいせつ」「かいざん」「こうかん」「りんぎ」「はんちゅう」「しんしゃく」「しこ」「せつじょく」「がいせん」「はくちゅう」「ろっこつ」「うわぜい」「しゃがれごえ」「あせも」「つきぎめ」「かんせい」「かぼちゃ」「こんにゃく」

あなたの「漢字力」を一気に増強する本●まえがき

文章はほとんどパソコンやワープロで書く、という人は多いでしょう。たしかに、文章作成ソフトは便利なもので、ひらがなやローマ字を入力すれば、すぐに漢字変換してくれます。しかし、その一方で、それに慣らされてしまうと、漢字を忘れて書けなくなるという弊害《へいがい》もあります。

また、もっと切実な問題としては漢字の「読み」があります。人と話すときに、ソフトの力は借りられません。間違った読み方をしていると、とんだところで恥をかくことになってしまいます。もちろん、パソコン入力するときも、間違った読み方をしていると、入力に手間取ることでしょう。

というわけで、この本は、私たちが失いかけている「漢字力」をよみがえらせるべく、「いまどき読めないと恥ずかしい漢字」を集めました。

これらの漢字は、新聞や雑誌によく出てくる熟語や、日常生活やビジネスでよくつかわれる言葉など、いずれも「読めなくては困る」字ばかり。さらに、「難読の漢字」も網羅《もうら》したので、覚えておくとちょっと博識で鼻が高い言葉も、簡単に自分のものにすることができます。

二一世紀を生きる大人として、恥ずかしくない日本語力があるかをチェックするのもよし、難読漢字をマスターして、教養を高めるのもよし。ぜひ、この一冊を丸ごと楽しみながら活用してください。

日本語倶楽部

1

▼これくらいは大人の常識——

さらりと読みたい漢字

思惑

［おもわく］「思ふ」に接尾語の「く」がついた「思はく」で「惑」は当て字。「しわく」とは読まない。

端緒

［たんしょ］物事のきっかけ。「たんちょ」は本来、間違った読みだが、いまでは慣用読みとして定着している。

凡例

［はんれい］辞書などの最初のページに、使い方を記した箇条書きのこと。「ぼんれい」と読み間違える人が多い。

異名

［いみょう］別名やあだ名のこと。「いめい」とも読むが、「いみょう」と読むほうが無難。

貼付

［ちょうふ］貼り付けること。「貼付タイプの解熱薬」のようにいう。「てんぷ」という誤読が定着している。

乳離れ

［ちばなれ］親を離れて一人前になること。「乳」の読み方は「乳《ち》飲み子」とおなじように「ち」が正解。

十指

［じっし］十本の指。「歴史ある町だけに見たいところは十指にあまる（＝数えられないほど多い）」などとつかう。

忌諱

［きき］嫌がって避けること。定着している「きい」は本来は間違い。

矜持

［きょうじ］プライドのこと。「大リーガーとしての矜持を保つ」のようにいう。「きんじ」と読み間違えやすい。

頒布

［はんぷ］広くゆきわたること。「このイラストを無断で複製・頒布することはできません」などとつかう。

直截

［ちょくせつ］きっぱりしていること。「直截な表現」などという。「ちょくさい」は定着しているが間違った読み方。

御来迎

［ごらいごう］山頂で日の出を見て拝むこと。同義の「御来光」と混同して、「迎」を「こう」と読み間違えやすい。

御大

［おんたい］団体のトップに立つ人を親しんでいう呼び方。「われらが御大ジャイアント馬場」のようにつかう。

巨細

［こさい］大きなことと小さなこと。「戦下の状況を巨細に再現する」などという。「きょさい」はよくある間違い。

山積

［さんせき］山のようにたまること。ただし「仕事がヤマヅミだ」というときは、送り仮名が入って「山積み」となる。

素読

［そどく］声を出して文章（とくに昔は漢文）を読むこと。その昔、素読は漢文を覚える基礎学習だった。

猛者

［もさ］勇ましくて強い人のこと。「彼は柔道部の猛者だ」などとつかう。

汎用

［はんよう］ひとつのものをいろいろな用途につかうこと。「汎用コンピュータ」などとつかう。「ぼんよう」は凡ミス。

口の端

［くちのは］口先のこと。「口の端にのぼった（＝うわさになる）」などという。つい「くちのはし」と読みやすい。

一家言

［いっかげん］「日本酒に一家言ある人」などと用い、その人がもつ独自の説という意味。「言」の読みに注意。

口伝

［くでん］奥義《おうぎ》を口で教え、伝えること。「神社にのこる文献や口伝をもとに再現した料理」などとつかう。

他人事

［ひとごと］自分とは関係のないこと。「たにんごと」と読む人が多いが、「ひとごと」が正しい読み方。

古文書

［こもんじょ］昔の時代のようすが記された古い文書のこと。うっかり「こぶんしょ」と読みがち。

相殺

［そうさい］「借金を退職金で相殺する」というように損得なしにすること。この「殺」は「へらす」という意味。

一矢

［いっし］一本の矢という意味で、「一矢を報《むく》いる（相手の攻撃に対してすこしでも反撃する）」と慣用句としてつかう。

言質

［げんち］あとで証拠となる言葉。「うまくいかないときは社長をやめるという言質をとる」のようにいう。

重複

［ちょうふく］重なること。「メールアドレスを重複して登録した」などという。「重」の読みがポイント。

一段落

［いちだんらく］区切りがついて片づくこと。「一区切《ひとくぎ》り」と混乱して「ひとだんらく」と勘違いしている人も多い。

平生

［へいぜい］ふだん。「つかまった犯人は平生はいい人だった」のようにいう。「生」を「ぜい」とにごるのがミソ。

御用達

［ごようたし］宮中に納めることを認められた商人や、その品。いまは「芸能人御用達」など愛用の意でつかわれる。

続柄

［つづきがら］親族のあいだの関係のこと。「柄」が「がら」と訓読みのため「続」も「つづき」と読むのが正解。「ぞくがら」は間違い。

脆弱

［ぜいじゃく］もろくて弱いという意味。「脆」のつくりにつられるのか、「きじゃく」と間違える人がけっこう多い。

黙示録

［もくしろく］地上の王国の滅亡と、キリストの再来を描いた新約聖書の巻末の一書。「示」は「じ」とにごらない。

福音

［ふくいん］よい知らせ。キリスト教の教えでよく聞かれる言葉。音は「いん」と読む。

久遠

［くおん］かなり遠いという意味で、「久遠の理想」などとつかう。

造詣

［ぞうけい］学問などに深く通じていること。「彼は英国史に深い造詣がある」などという。「ぞうし」ではない。

凹凸

［おうとつ］へこんでいたり出っ張っていたりして平らでないさま。「凸凹」と反対に書くと「でこぼこ」と読む。

火影

［ほかげ］暗闇で見える火の光。「ロウソクが灯《とも》されて壁に火影がゆれている」などという。「ひかげ」ではない。

画一的

［かくいつてき］型にはまっていてすべてが同じという意味。「駅周辺の風景はどこも画一的だ」のようにいう。

神々しい

［こうごうしい］気高《けだか》く厳《おごそ》かなさま。「山頂で神々しい朝を迎えた」などという。「かみがみし」という古語の音便。

後手

［ごて］相手に先を越され、あとから応じるという意味。「日本政府の対応は後手にまわりやすい」のようにつかう。

使役

［しえき］ほかの人や動物をこき使うという意味。「イノシシ猟で使役するイヌは紀州犬が多い」などとつかう。

遊説

［ゆうぜい］自分の意見を説いてまわること。「遊」には歩きまわるという意味がある。「ゆうぜつ」ではない。

必定

［ひつじょう］そうなると決まっていること。「報復がさらなる報復を呼ぶことは必定だ」のようにいう。

参内

［さんだい］皇居に参上すること。「さんない」ではないことに注意。境《けい》内《だい》、内裏《だいり》も「内」を「だい」と読む。

発端

［ほったん］物事のはじまり。「ことの発端はあの日にさかのぼる」のようにいう。発作《ほっさ》、発起人《ほっきにん》なども「発」を「ほっ」と読む。

沢山

［たくさん］数が多いこと。最近、あまり見かけなくなった書き方だけに、「さわやま」と読んでしまう人も。

茶店

［ちゃみせ］道端でお茶やお菓子を出す店。「さてん」と読んで「喫茶店」の略だと勘違いしないように。

声高

［こわだか］大きな声のこと。「住民の声高な反対にあった」などとつかう。声色《こわいろ》、声音《こわね》なども「こわ」と読む。

最後尾

［さいこうび］行列のように、連なったもののいちばんうしろ。よくつかう言葉だが「さいごび」というミスも。

場末

［ばすえ］町からはずれた裏さびれたところ。「パリの場末で暮らす画家」などとつかう。「ばまつ」とは読まない。

急坂

［きゅうはん］勾配《こうばい》が急な坂。「きゅうざか」ではない。

興醒め

［きょうざめ］おもしろみがなくなるという意味。

風体

［ふうてい］服装をふくめた身なり。「その男は女のような風体をしていた」などという。「体」の読み方に注意。

虚空

［こくう］なにもない空中のこと。「虚空をつかむ」といえば、苦しんで空中をにぎりしめているさまをいう。

水稲

［すいとう］田んぼで栽培する稲のこと。「陸稲《おかぼ》」という陸の畑で稲を栽培する方法もある。

安普請

［やすぶしん］すぐ壊れそうな建物のこと。「普請」はもともと仏教用語で、人を集めて寺を建てるという意味。

伏線

［ふくせん］後で述べることを先にほのめかすこと。「推理小説はあちこちに伏線がはってある」などという。

面影

［おもかげ］記憶を投影させてみる顔や姿のこと。「彼女には当時の面影がかすかにのこっている」のようにいう。

渦中

［かちゅう］もつれ乱れている事件の中。「渦中の人がテレビに生出演していた」などという。

在郷

［ざいごう］都会から離れたところ。郷里にいること。「彼は在郷の詩人として有名だ」などとつかう。「郷」の読み方がポイント。

相伴

［しょうばん］もてなしをうけること。「本日はご相伴にあずかりましてありがとうございます」などとつかう。

方舟

［はこぶね］四角い形をした舟。神の恩恵をうけて大洪水からのがれたという「ノアの方舟」の方舟。

所作

［しょさ］振る舞いのこと。「着物を着たときの彼女の所作は美しい」のようにつかう。「作」の読み方に注意。

入水

［じゅすい］水中に投身自殺すること。「作家の太宰《だざい》治《おさむ》は愛人とともに玉川上水で入水した」のようにいう。

進捗

［しんちょく］はかどること。「現在までの進捗状況を報告する」などという。「捗」ははかどるという意味。

一献

［いっこん］一般的には一杯のお酒のこと。宴会に遅れてきた人は、「まずはご一献」と酒をすすめられるもの。

異形

［いぎょう］ふつうとは違った姿形。「巨大トカゲのような異形の怪物」という具合。形相《ぎょうそう》も「ぎょう」と読む。

店屋物

［てんやもの］いわゆる出前のこと。「今日は店屋物でもとりましょうか」などという。

出不精

［でぶしょう］外出するのをめんどうくさがること。

門扉

［もんぴ］建物の門の扉。「もんとびら」とは読まない。

安穏

［あんのん］ゆったりしていておだやかなさま。「昨今《さっこん》は正社員であっても安穏としていられない」などとつかう。

会得

［えとく］理解して身につけること。「漢字の読みを会得するのはむずかしい」などという。「会」の読みに注意。

旗色

［はたいろ］形勢のことで、「近ごろ旗色の悪い業界」などとつかう。昔は旗の様子をみて戦況を判断したことから。

喧伝

［けんでん］世間に広く言いふらすこと。「喧伝する向きもある」などとつかう。「宣伝《せんでん》」とごっちゃになる人も。

昵懇

［じっこん］親密なこと。「彼は逮捕された政治家と昵懇の間柄だった」のようにいう。ポイントは「昵」の読み方。

緑青

［ろくしょう］銅の表面にでる青緑色の錆《さび》。街角の銅像が、緑青におかされていることもある。

爪楊枝

［つまようじ］歯にはさまった食べカスをとったり、食べ物をさす道具。奈良時代に大陸から伝わったという。

端境期

［はざかいき］米や野菜などの生産が一息ついて、商品が出まわらなくなる時期のこと。「米の端境期」などという。

接木

［つぎき］木の枝や芽を切り、ほかの植物の幹《みき》につぎあわせること。病気などに強くなる。「継木」とも書く。

勘当

［かんどう］親子や師弟の縁を切ること。「自堕落《じだらく》な彼は、とうとう親から勘当された」などとつかう。

目深

［まぶか］目が隠れるくらい深くかぶる様子。「帽子を目深にかぶる」などという。「目」を「ま」と読むまれな例。

先達

［せんだつ］先輩や指導者のこと。「せんだち」と読んでもいい。「その道の先達に教わる」などという。

前代未聞

［ぜんだいみもん］これまで聞いたことがない話の意。「聞」の読み方に注意。

過渡期

［かとき］新しいものに移る変化の途中。「一四歳は子どもから大人になる過渡期」などという。「かどき」ではない。

破綻

［はたん］やぶれ、つぶれること。金融機関の破綻が相次いで、読み間違える人は減ったと思うが。

遠因

［えんいん］間接的な原因のこと。「テロの遠因は貧困にある」のようにいう。「とおいん」ではない。

亡者

［もうじゃ］本来は死者のことだが、なにかにひどく執着している人という意味もある。「金の亡者と化した」のようにいう。

刃傷沙汰

［にんじょうざた］刃物で人を傷つけること。「ちょっとした口論《こうろん》から刃傷沙汰になった」のようにつかう。

噴飯

［ふんぱん］米粒をふきだすほど、ばかばかしくておかしいという意味。「学芸会のような噴飯物の芝居」などという。

癒着

［ゆちゃく］もとは細胞レベルの連結をあらわす医学用語。「本来は離れている者どうしがくっつく」という意味。

糟糠の妻

［そうこうのつま］貧乏な時代からともに苦労してきた妻。「糟」は酒カス、「糠」はヌカ。粗末な食べ物のこと。

是正

［ぜせい］悪い点を正しく直すこと。「一票の格差を是正する」などとつかう。「是」はよいという意味。

対峙

［たいじ］向き合って立つことで、「本気で対峙する」などとつかう。「峙」にはそびえたつという意味がある。

形骸化

［けいがいか］形だけ残って中身がなくなること。「骨太の方針は形骸化しているという声がある」などという。

猥褻

［わいせつ］性的にみだらでいやらしいこと。「猥」は節度がない、「褻」はけがらわしいという意味。

醜聞

［しゅうぶん］聞くに堪えないような評判のこと。「有名選手の醜聞が各誌いっせいに流れた」のようにいう。

騒擾

［そうじょう］大騒ぎになること。「サポーターによる騒擾事件が発生した」などという。「擾」は乱れるという意味。

刷新

［さっしん］新しく刷る、つまり悪い点を直してすべて新しくすること。「役員の顔ぶれを刷新した」のようにいう。

極刑

［きょっけい］死刑のこと。「きょくけい」ではない。

捏造

［ねつぞう］事実であるかのように偽《いつわ》ってつくりあげること。

改竄

［かいざん］資料などを不当に書き換えること。「イラクの大量破壊兵器に関する資料が改竄された」などという。

金看板

［きんかんばん］金文字の看板＝世間に堂々と掲げる立場や主張のこと。「一流大学卒の金看板」のようにいう。

粗利益

［あらりえき］売り上げから原価を差し引いた儲けのこと。「そりえき」と読み間違えないように注意。

逼迫

［ひっぱく］余裕がなく差し迫っている状態。「値下げで経営状態が逼迫する」などとつかう。

招聘

［しょうへい］精いっぱいの礼儀をつくして人を招くこと。「カリスマ経営者を招聘した」などという。

鼎談

［ていだん］三人で話をすること。「鼎《かなえ》」は三本脚のついた食べ物を煮る容器。三者が対立すれば「鼎立」。

傀儡

［かいらい］人の意のままにあやつられて動く人のこと。「いまのアフガン政府はアメリカの傀儡だ」などとつかう。「くぐつ」とも読む。

贖罪

［しょくざい］お金や品物を出して、犯した罪をつぐなうこと。罪ほろぼし。冒瀆の「瀆」につられて、「とくざい」と読んではいけない。

誣告罪

［ぶこくざい］わざと事実をまげて告げ口をし、他人に重い処分をうけさせるためにウソを申告する罪。

嗚咽

［おえつ］声をつまらせるように泣くこと。「彼女は両手で顔をおおい嗚咽した」などとつかう。

糊塗

［こと］あいまいにごまかして処置するという意味。「事実を糊塗するような決着がはかられた」などという。

領袖

［りょうしゅう］トップに立つ人。「領《えり》」も「袖《そで》」も目立つことからきた言葉。「派閥の領袖」とよくつかう。

寡聞

［かぶん］見たり聞いたりする経験がすくないこと。「寡聞にして存じません」と謙遜《けんそん》の意をこめてつかうことが多い。

漏洩

［ろうえい］秘密が漏れること。本来は「ろうせつ」と読むが、「ろうえい」が定着して正しいことになっている。

反故

［ほご］書き損じた紙＝役に立たなくなったもののこと。「反故にする」というと、なかったことにするという意味。

不文律

［ふぶんりつ］暗黙の了解になっていること。「飲食店への持ち込み禁止は不文律になっている」などという。

補塡

［ほてん］不足したぶんを補うこと。「黒字部門で赤字を補塡する」のようにいう。「塡」はみたすという意味。

要衝

［ようしょう］要《かなめ》となる重要なところ。「交通の要衝」などという。

宮内庁

［くないちょう］皇室関係の事務をする行政機関。

信憑性

［しんぴょうせい］信用できる程度のこと。「証言に信憑性がない」などという。「憑」にはたよりになるという意味がある。

終焉

［しゅうえん］本来は人の命が尽き果てるという意味。いまは、「成長神話の終焉」というように比喩《ひゆ》的につかわれる。

未曾有

［みぞう］「未《いま》だ曾《かつ》て有らず」で、めったにないことという意味。「バブル崩壊後の未曾有の不況」などとつかう。

客死

［かくし］旅の途中で死ぬこと。「新渡戸稲造《にとべいなぞう》はカナダで客死した」のようにつかう。「客」の読み方に注意。

舌禍

［ぜっか］失言したために受ける災《わざわ》い（＝禍）。「舌禍事件を起こして退陣に追いこまれた」などとつかう。

諜報

［ちょうほう］情報をさぐって知らせるスパイ活動のこと。「諜」には様子をさぐる、という意味がある。

四股

［しこ］土俵の上で力士が足を左右交互に高くあげてから地を踏む準備運動。「四股を踏む横綱」のようにいう。

大銀杏

［おおいちょう］十両以上の力士が結うまげのこと。まげの先の形が銀杏の葉に似ていることからきた言葉。

賜杯

［しはい］天皇陛下からスポーツの勝者に贈られる優勝カップのこと。「賜」の読み方に注意。

醜名

［しこな］朝青龍《あさしょうりゅう》、千代大海《ちよたいかい》といった力士の呼び名のこと。自分の名前のことをへりくだって、こう書く。「四股名《しこな》」は当て字。

手数入り

［でずいり］横綱の土俵入りのこと。不知火《しらぬい》型と雲竜《うんりゅう》型という二つの型がある。「手数」とはわざという意味。

皐月賞

［さつきしょう］毎年四月に中山競馬場でおこなわれる三歳実力馬の大レース。「皐月」とは旧暦の五月の呼び名。

馬匹

［ばひつ］馬のことで、乗馬などでつかわれる。「馬匹を飼育する」「いい馬匹を探す」など。「匹」の読み方に注意。

駿馬

［しゅんめ］足の速いすぐれた馬のこと。「駄馬《だば》と駿馬を見分ける」などとつかう。「馬」の読み方がポイント。

手綱

［たづな］馬をあやつるために、くつわにつける綱。

握手

［あくしゅ］挨拶や和解するさい、手を握り合うこと。

雪辱

［せつじょく］汚名をはらすこと。「辱」は恥のこと、「雪」にはそそぐという意味がある。

竹刀

［しない］剣道でつかう竹製の刀。もとは撓《しな》う（＝しなやかにまがる）竹という意味からきた言葉。

台頭

［たいとう］勢いを増してくること。「近年台頭してきた勢力」などとつかう。「台」は昔は「擡（もたげるという意）」と書いた。

辛勝

［しんしょう］かろうじて勝つこと。「ＰＫ戦で辛勝した」などという。「辛」は訓読みすると「からい」「つらい」。

憮然

［ぶぜん］不満だったりして、なんともやりきれないさま。「試合に負けて憮然とする選手」のようにいう。

檜舞台

［ひのきぶたい］能や歌舞伎で檜をはった舞台が正統なことから、晴れの場所の意。「檜舞台をふむ」などという。

天王山

［てんのうざん］勝負の分かれ目のこと。豊臣秀吉と明智光秀の山崎の戦いの勝敗の分かれ目が天王山にあったことから。

凱旋

［がいせん］「凱」は戦勝の音楽、「旋」は帰るという意味から、勝利して帰ること。

美酒

［びしゅ］おいしいお酒のこと。スポーツの世界では、「勝利の美酒に酔う」などと比喩的につかう。

古巣

［ふるす］以前いたところ。住み古した巣。「大リーグへ行った選手がもとの古巣へ戻ってきた」などという。両字とも訓読みする。

喚声

［かんせい］大きな叫び声のことで、「驚きの喚声があがった」などという。おなじ読みの「歓声」はよろこびの声。

采配

［さいはい］昔、戦場で軍の大将が兵士を指揮するために用いた道具のことで、指揮をするという意味もある。

年俸

［ねんぽう］一年ごとに決める給与のこと。減俸や月俸という熟語も、「俸」を「ぼう」ではなく、「ぽう」と読むのが正しい。

伯仲

［はくちゅう］優劣がつけられないという意味。「実力伯仲の大激戦」のようにいう。「伯仲」とは兄と弟のこと。

真っ向

［まっこう］真正面のこと。「真っ向勝負に出る」というと、細かく計算したりせず、体当たりするという意味。

序盤

［じょばん］物事のはじめの段階。「序盤から苦しい展開」などという。もとは囲碁や将棋でつかっていた言葉。

痛手

［いたで］重傷のこと。「チームは大きな痛手を負った」などといえば、ひどい損害という意味になる。

挫折

［ざせつ］挫《くじ》けて折れるということから、途中でうまくいかなくなること。「挫折感を味わった」などという。

喝采

［かっさい］さかんにほめそやすこと。「喝」とは、もともとお坊さんが座禅で「喝！」というときの励ましの声。

屈指

［くっし］指を折って数え上げられるくらいすぐれていること。「日本屈指の名勝をたずねた」というようにつかう。

布陣

［ふじん］戦いや試合のときに陣を布《し》くこと。「サッカー代表チームの最強の布陣を考える」のようにつかう。

緻密

［ちみつ］細工がこまかくて不備がないようす。

怒号

［どごう］「号」は叫ぶという意味で、怒って叫ぶこと。

葛藤

［かっとう］心の中に相反《あいはん》するものがあり迷う状態。植物の「葛《かずら》」も「藤」も、蔓《つる》がもつれてこんがらかることから。

強豪

［きょうごう］ひじょうに勢いがあって強い人、組織のこと。「強豪チームと対戦する」などとつかう。

制覇

［せいは］競争相手に勝ち抜くこと。「狙うは全国制覇だ」のようにつかう。「覇」はもとは武士のかしらの意。

執念

［しゅうねん］思い込んでかたく動かない心。もとは仏教用語で「執」はとらわれるという意味。

修羅場

［しゅらば］勝ち負けを争うはげしい戦いの場。仏教用語では「しゅらじょう」と読み、阿修羅《あしゅら》と帝釈天《たいしゃくてん》が戦う場。

怒濤

［どとう］荒れ狂う大波のことで、「怒濤の勢いで攻め込んだ」などとつかう。この「怒」は勢いがはげしいこと。

好敵手

［こうてきしゅ］力量がおなじくらいの相手。いわゆるライバルのこと。

僅差

［きんさ］ほんの僅《わず》かの差という意味。「二対一の僅差で勝つ」などという。

称える

［たたえる］りっぱだとほめること。「勝者を称える」などとつかう。

気障

［きざ］キザな奴、というときのキザで、嫌味があるという意味。神経にさわるという「気障《きざわ》り」を略した言葉。

姑息

［こそく］その場しのぎ、一時の間に合わせという意味。「姑息なマネをしやがって」などという。

天邪鬼

［あまのじゃく］わざと人にさからって、自分の意見を曲げないこと。本来は、昔話によく出てくる悪者の鬼のこと。

狡猾

［こうかつ］ずるがしこいこと。「狡猾に立ちまわる」などという。「狡」はずるい、「猾」は秩序を乱すという意味。

村夫子

［そんぷうし］見識のせまい人を皮肉《ひにく》った言葉。「夫子」とは中国語で師匠のことで、村夫子は村の先生という意味。

高飛車

［たかびしゃ］相手に有無《うむ》をいわせない高圧的なさま。もとは将棋用語で、飛車を中段に浮かせ、攻撃的に相手を威圧《いあつ》する戦法のこと。

吝嗇家

［りんしょくか］ケチな人。「吝」は訓読みすると「やぶさか」で、思いきりが悪いという意味になる。

粗忽

［そこつ］そそっかしいこと。落語では粗忽者は親しみやすい人気者。「粗忽」とつく題目がけっこうある。

下衆

［げす］身分の低い者。「このゲス野郎！」などと、いまは人を侮辱するときにつかわれる。「衆」の読み方に注意。

蓮っ葉

［はすっぱ］軽はずみな女性のこと。蓮の葉が水をころころとはじくさまが、軽はずみなことのたとえになった。

外道

［げどう］本来は、仏教以外の教えを信じる者のこと。そこから、人をののしる言葉になった。

不躾

［ぶしつけ］失礼なこと。「不躾な質問で恐縮ですが」などと、ストレートに質問するときの枕詞《まくらことば》によくつかう。

毒舌

［どくぜつ］きわどい皮肉。「毒舌を売りにしている漫談家」などとつかう。この「舌」には話すという意味がある。

姦しい

［かしましい］さわがしくてうるさいこと。「女三人寄れば姦しい」という成句《せいく》は、この字の形からできたもの。

総花的

［そうばなてき］どんな人にも都合よくすること。「彼の選挙公約は総花的だ」などとつかう。

守銭奴

［しゅせんど］お金に執着する強欲な人。

愚直

［ぐちょく］ばか正直で気がきかないこと。

眉唾

［まゆつば］だまされないように用心すること。昔、眉毛につばをつけると、キツネやタヌキにだまされないといわれた俗信から。

蔑む

［さげすむ］人を見下すこと。「そんなさげすむような目つきで相手を見るな」などとつかう。軽蔑《けいべつ》、蔑視《べっし》の「蔑」。

長広舌

［ちょうこうぜつ］えんえんと話しつづけること。「会社の将来について長広舌をふるう」というようにつかう。

放埒

［ほうらつ］気ままにふるまうこと。「放埒な暮らしぶり」などという。「ほうらち」と読まないように。

拙い

［つたない］下手くそだという意味。「カタコトの拙い英語でなんとか話した」のようにいう。

瑣末

［さまつ］とるに足りない些細《ささい》なこと。「あまり瑣末なことにこだわるといいことがない」などとつかう。

横着

［おうちゃく］なまけること。遠慮というものがなくてずうずうしい人のことを指す言葉でもある。

大食漢

［たいしょくかん］驚くほど食べる人。「ルイ十四世はグルメというよりも、並はずれた大食漢だった」などという。「大」の読みに注意。

破廉恥

［はれんち］恥知らずのこと。「廉恥」＝「恥を恥と知る高潔なこころ」を「破る」ことからきた言葉。

悪食

［あくじき］ごはんにプリンをかけて食べるようなゲテモノ食いのこと。「あくしょく」はよくある間違い。

不細工

［ぶさいく］見た目が美しくないという意味。ものの仕上がりに対していうこともあれば、人の容姿にもつかう。

薄情

［はくじょう］情けが薄い、愛情が薄くて冷たいこと。「彼女もけっこう薄情なところがあるよね」のようにいう。

冗漫

［じょうまん］だらしなくつづくこと。「この小説は描写が冗漫だ」などという。「冗」は余る、「漫」は長いという意味がある。

軽率

［けいそつ］軽はずみなさま。「大臣として軽率な発言だ」のようにいう。「けいりつ」ではないことに注意。

女々しい

［めめしい］男性が気が弱く、なよなよしているさま。男性をけなすときの言葉で、女性にはつかわない。

的外れ

［まとはずれ］肝心なところをはずしていること。「彼の質問はどこか的外れだ」のようにいう。

虚仮

［こけ］「人をコケにする」のコケで、ばか者のこと。もとは仏教用語で、真実でないという意味から愚か者となった。

堕落

［だらく］みじめにおちぶれるという意味。

驕慢

［きょうまん］おごり高ぶる。「驕」はおごる、「慢」はあなどるという意味。

カンではちょっと読めないが よく見かける字

長閑

［のどか］のんびりとしているようすをいい、「長閑な田園風景」などとつかう。「閑」はひまという意味。

土産

［みやげ］旅先で買った贈り物のこと。「土産《どさん》＝土地の産物」と、「見上げ＝差し上げるもの」が結びついた言葉。

杜撰

［ずさん］ぞんざいでいい加減なこと。一説に、漢詩の選者であった杜《と》黙《もく》が、適当に撰《えら》んだという故事から。

白湯

［さゆ］なにも入れずに飲むお湯のこと。「はくとう」と読むと、「薬湯」に対するふつうのお風呂のこと。

為替

［かわせ］お金を送付するとき、手形や小切手などの証書をつかうこと。為替相場のことをいうこともある。

火傷

［やけど］焼けた処《ところ》という意味で、火や熱湯に皮膚がふれて焼けただれた傷のこと。「火傷」は当て字。

灰汁

［あく］料理では、肉や野菜の調理で出る不純物のこと。染物《そめもの》では、灰を水に溶かしたときの上澄《うわず》み液のこと。

学舎

［まなびや］学校のこと。「懐かしい学舎」などという。「がくしゃ」とも読むが、「まなびや」が無難。

坩堝

［るつぼ］金属を高温で溶かす容器のこと。比喩《ひゆ》的に「興奮のるつぼ」「人種のるつぼ」などとつかう。

玄人

［くろうと］その道に熟達した専門家。「玄人はだし」といえば、玄人がはだしで逃げるほどうまいと、素人《しろうと》を褒《ほ》める言葉。

鯨波の声

［ときのこえ］大勢がどっとあげる声のこと。「鯨波」には、もともと大きな波という意味がある。

乙女

［おとめ］年若い娘、少女のこと。「乙女心」などとつかう。源氏物語の巻名にもある。

雑魚

［ざこ］いろいろな種類の小魚。大物ではないことから、度量のせまい、器の小さな人物の意味にもつかう。

細石

［さざれいし］細かくて小さな石のこと。「君が代」の中の一節で「細石の巌《いわお》となりて」と歌われている石。

悪阻

［つわり］妊婦がもよおす吐き気のこと。

産湯

［うぶゆ］生まれた赤ん坊をはじめて入浴させること。

山車

［だし］華やかに飾った祭事用の車。京都の祇園祭や岐阜の高山祭などが有名。関西では「だんじり」ともいう。

形振り

［なりふり］身なり（形）とそぶり（振り）、つまり見た目や態度のこと。「形振りかまわず」とよくいう。

小豆

［あずき］えんじ色の豆で餡《あん》などの材料になる。ただし、『二十四の瞳』で有名な香川県の「小豆島」は「しょうどしま」と読む。

似非

［えせ］多少は似ていても、本物ではないという意味で、「似非学者」などとつかって人をけなす言葉。

心許り

［こころばかり］ほんのすこしの気持ちだけという意味。「心許りのものですが」と物をあげるときに謙遜《けんそん》していう。

一入

［ひとしお］いっそう。「よろこびも一入だ」というときの「ひとしお」。もとは染物を液に一回ひたすという意味。

稲荷

［いなり］五穀の神様をまつった稲荷神社のこと。もともとは「稲生《いねなり》」で農村の田んぼの神様だったという。

誰何

［すいか］「誰だ」と名を問いただすこと。「警察に誰何された」のようにいう。「誰」を「すい」と読むまれな例。

蘊蓄

［うんちく］蓄えた知識。「ワインの蘊蓄をかたむける」などとつかう。「蘊」も「蓄」もたくわえるという意味。

素面

［しらふ］お酒を飲んでいない状態。「そんなこと、とても素面ではいえません」のようにいう。

十八番

［おはこ］もっとも得意とする技や芸。七世市川団十郎が市川家代々の当たり歌舞伎十八種の台本を「御箱」に入れて保存したことから。

反吐

［へど］食べたものをもどすこと。「権力を振りかざす人間をみると反吐が出る」などと比喩的にもつかう。

野点

［のだて］室内ではなく、野外で茶をたてること。茶道について知らないと、つい「のてん」と読みやすい。

海女

［あま］海にもぐって貝や魚をとる女性。女性にかぎらなければ「海人《あま》」と書く。

自惚れ

［うぬぼれ］過度に自分に自信をもつこと。思い上がること。己《おのれ》に惚《ほ》れるところから、「己惚れ」とも書く。

意気地

［いくじ］物事をやりとげる気力。「意気地なし」とは、そういう気持ちがないことをいう。「気」の読み方がポイント。

店晒し

［たなざらし］商品が売れず、いつまでも店先にさらされていること。在庫整理の「店卸《おろ》し」も「たな」と読む。

建立

［こんりゅう］寺院・碑などを建てること。「仏像を建立する」ともつかう。

欠伸

［あくび］疲れたときや眠いときに大きく吐き出す息。

日和

［ひより］天候や事のなりゆきのこと。都合のいいほうにつこうとする日和見《ひよりみ》主義の「日和」。漢字は当て字。

出穂

［しゅっすい］稲から穂が出ること。「稲が出穂する前に害虫を除去する」などとつかう。「穂」の読み方に注意。

大和撫子

［やまとなでしこ］細やかな心づかいをする日本的な女性をほめた言葉。ナデシコは夏の野に咲く楚々《そそ》とした花。

居候

［いそうろう］人の家に住み込んで、衣食住の世話をしてもらっている人のこと。

師走

［しわす］十二月の別の言い方。俗に、先生が走りまわるほど忙しいことからきた言葉、といわれる。

心太

［ところてん］テングサからつくった食べ物。心太《こころぶと》はテングサの異称で、それが変化に変化を重ねて、いまのように読むようになった。

四方山

［よもやま］いろいろ。四方山話といえば雑多な世間話のことをいう。

早生

［わせ］早熟なこと。もともと早く実をつける作物のことで、「早生イチゴ」などという。

蒲魚

［かまとと］「蒲鉾《かまぼこ》はトト（魚）か」と聞くように、知っているのに知らないふりをしたり、うぶなふりをするという意味。

残り香

［のこりが］その人が去ったあとも残っている、ほのかな匂い。「部屋には彼女の残り香が匂った」などとつかう。

惚気る

［のろける］夫や妻や恋人とのアツアツぶりをいい気になって他人に話すこと。「ほうける」などと読んでしまいがち。

艶っぽい

［つやっぽい］異性をひきつける魅力があるさま。「艶っぽい話」というと、男女の情事に関する話という意味になる。

高嶺

［たかね］高い嶺《みね》（山頂）のこと。「あの女性は高嶺の花だ」といえば、見るだけでふれられないという意味。

傾城

［けいせい］絶世の美女。君子《くんし》を夢中にさせて、政《まつりごと》をおろそかにさせ、城（国）を傾けさせるから。「傾国《けいこく》」も同じ意味。

虜

［とりこ］生きたまま捕らえた敵という意味から、あるものに心を奪われた状態もさすようになった。

初心

［うぶ］初々《ういうい》しく世間慣れしていないさま。男女の情にまだうといさま。「しょしん」と読むと「最初の決心」の意。

懇ろ

［ねんごろ］「懇ろになる」で男女が深い仲になること。「懇ろ（ていねい）なもてなし」「懇ろだ（親しい）」という意味もある。

恋慕

［れんぼ］恋い慕《した》って追いかけること。「横恋慕する」というときは、恋人や夫婦のあいだに割り込むこと。

甲斐性

［かいしょう］立派でたよりがいのあること。「甲斐性のない亭主」といえば、たよりにならない夫という意味になる。

機微

［きび］簡単にはわからない微妙な事情のこと。「主人はいい人ですが、女心の機微にうといのです」のようにいう。

悩殺

［のうさつ］女性が美貌《びぼう》をもって男性の心をかき乱すこと。「殺」に殺すの意味はなく、語感を強めるための字。

許嫁

［いいなずけ］親が決めた婚約者。「許嫁がいるが、結婚する気になれない」などという。

嫁ぐ

［とつぐ］結婚して嫁にいくこと。

嫂

［あによめ］兄の妻のこと。

絆

［きずな］もとは馬や犬をつないでおく綱のことで、断つことができない心のむすびつきをいう。「夫婦の絆」など。

蜜月

［みつげつ］結婚した月のことで英語のハネムーンの意訳。「米中の蜜月時代」というように比喩的にもつかう。

嬶天下

［かかあでんか］家庭内で、妻が夫よりも権力をもちいばっていること。反対語は「亭主関白」。

逢瀬

［おうせ］男と女が人目を忍んで会うこと。「逢瀬をかさねる」などという。「瀬」は「立つ瀬がない」の瀬で、場所の意。

姦通

［かんつう］結婚している夫や妻が、ほかの異性とひそかに会って関係をもつこと。いまでいう不倫。

性懲りもなく

［しょうこりもなく］まったくこりているようすがない。「性懲りもなく、またフラれてしまった」のようにつかう。

焼棒杭

［やけぼっくい］焼けた杭のこと。「焼棒杭に火がつく」とは男女がもとのサヤにおさまること。

媚薬

［びやく］相手に性欲をおこさせるという惚れ薬のこと。「このアロマには媚薬効果もあるという」などとつかう。

嫉妬

［しっと］妬《ねた》み憎むこと。男女の関係だけでなく、「友人の才能を嫉妬する」とすぐれた人を妬むときにもいう。

倦怠

［けんたい］あきて疲れてだれること。「あの夫婦は近ごろどうも倦怠期らしい」などとつかう。

一夜妻

［ひとよづま］一晩だけ関係した女性のこと。「一夜夫」とも書き、こちらは一晩だけ契《ちぎ》りをむすんだ男性。

慰藉

［いしゃ］いたわって（藉）なぐさめる（慰）こと。「藉」が常用外の漢字なので「慰謝」と書かれることが多い。

縒り

［より］ねじってからませることという意味だが、「縒りをもどす」といえば、別れた男女がまたくっつくという意味。

三行半

［みくだりはん］夫が妻にわたす離縁状。離婚の理由を三行半で書いたことから。「さんぎょうはん」は間違い。

嗚呼

［ああ］なにかに感じ入って発する声。驚きや悲しみなど。

愛娘

［まなむすめ］かわいがっている娘。「愛」は親愛の意味をあらわす接頭語。ただし「愛息子」という言葉はない。

梨の礫

［なしのつぶて］たよりがまったくないこと。「梨」を無しにかけ、礫《つぶて》を投げても相手の音沙汰がないことから。

憧憬

［しょうけい］あこがれること。「彼女は憧憬をもって見るだけの対象だった」のようにいう。「どうけい」とも読む。

耽溺

［たんでき］（酒や女性に）溺《おぼ》れて耽《ふけ》る、夢中になってはまること。「酒色に耽溺する」のようにつかう。

肋骨

［ろっこつ］胸を形づくるあばら骨のこと。「肋」と「助」が似ているため、「じょこつ」と読み間違う人も。

白髪

［しらが］あるいは「はくはつ」。白くなった髪。「白髪の紳士」といった場合は「はくはつ」。

腸

［はらわた］内臓のこと。「ちょう」より精神的なものも含む読み方で、「腸が煮えかえる」というときは「はらわた」。

転た寝

［うたたね］眠るつもりはなかったのに寝てしまうこと。「転た」は物事がどんどん移り進むという意味。

筋骨

［きんこつ］筋肉と骨、つまり体つき。「筋骨隆々のレスラー」などとつかう。「隆々」は盛り上がっているようす。

寝ぼけ眼

［ねぼけまなこ］ねぼけてぼんやりした目つき。血眼《ちまなこ》やドングリ眼《まなこ》など、「まなこ」と読む熟語はけっこうある。

壊死

［えし］体の組織や細胞の一部分が死ぬこと。「足が壊死した」のようにつかう。「壊」の読み方がポイント。

鎖骨

［さこつ］胸の上方で、肩へと水平にのびている細長い骨のこと。

猪首

［いくび］イノシシのように太くて短い首のこと。

仮病

［けびょう］病気でないのに病気のフリをすること。

鳩尾

［みぞおち］胸の真ん中、胸骨の下のくぼんだところで急所の一つ。「水落ち（水が落ちるところの意味）」がなまった言葉といわれる。

脂性

［あぶらしょう］肌が脂ぎっている体質。脂汗、脂身など、「脂」を「あぶら」と読む熟語はけっこう多い。

口腔

［こうこう］口からノドにかけての部分。「こうくう」は本来は間違いだが、医学用語では口腔《こうくう》、鼻腔《びくう》と読む。

親不知

［おやしらず］上下のアゴそれぞれ左右に、八番目に生えてくる奥歯。一八歳以降に生えることから、この名に。

丈夫

［じょうぶ］体が健康でしっかりしていること。「じょうふ」（男子の美称。りっぱな男）とは別語なので注意。

上背

［うわぜい］身長のこと。「彼は上背が少し足りないアンコ型の力士だ」のようにつかう。「背」の読み方に注意。

痩軀

［そうく］やせた体つき。「長身痩軀は着物向きの体型ではない」などという。単に「軀」だと「からだ」と読む。

肢体

［したい］手足のこと、あるいは手足と体のこと。「ベリー・ダンサーの妖艶《ようえん》な肢体」のようにつかう。

痘痕

［あばた］天然痘《てんねんとう》が治ったあとにのこる吹き出物の跡。「痘痕も靨《えくぼ》」とは、愛《いと》しい人のことは痘痕（欠点）でさえよく見えるという意味。

肌理

［きめ］肌の手ざわり。「化粧水で肌理をととのえる」のようにいう。「紙の肌理が粗い」など物に対してもつかう。

怠い

［だるい］体が疲れておっくうな感じ。「怠」の訓読みは「オコタる」「ナマける」で、「ダルい」は例外的。

治癒

［ちゆ］治って癒《い》えるという意味で、傷や病気が治ること。荒療治や灸《きゅう》治《じ》は「じ」、全治《ぜんち》は「ち」と読む。

静脈

［じょうみゃく］血液を回収して心臓にはこぶ血管。「静」を「じょう」と読む熟語は、ほかにあまりない。

嗄れ声

［しゃがれごえ］水気がなくなって、かすれたしわがれた声のこと。「かれごえ」とも読む。

生薬

［しょうやく］動植物の抽出物を、薬の原料としたもの。「生薬配合」という文字を薬のパッケージでよくみる。

面皰

［にきび］顔の毛穴に汚れがつまってできる出来物のこと。「皰」という字だけでも、「にきび」という意味がある。

病床

［びょうしょう］病人の寝る場所。「病床につく」などという。

蘇生

［そせい］生き返ってよみがえること。「蘇生術」などとつかう。

痛痒

［つうよう］痛いことと痒《かゆ》いこと。「痛痒を感じない」といえば、痛くも痒くもない意味。

不治

［ふち・ふじ］病気が治らないこと。「不治の病に倒れる」などという。

土気色

［つちけいろ］土のような色。「寒さと雨で顔面が土気色になった」などと、やつれた顔をあらわすときにつかう。

胡坐

［あぐら］足を組んで座ること。「胡」は足のことをいい、「坐」は座るという意味がある。

汗疹

［あせも］汗をかいて肌にできる小さな吹き出物。「疹《しん》」は吹き出物の意味。「麻疹」は「はしか」と読む。

強面

［こわもて］こわい顔をして相手にのぞむこと。強硬な態度に出ること。「強面の談判」などとつかう。

形相

［ぎょうそう］激しい感情のあらわれた顔つき。「優勝決定戦で彼は鬼の形相だった」のようにいう。

吐血

［とけつ］胃などの消化管から出た血液を口から吐くこと。なお、「喀《かっ》血《けっ》」は肺・気管支から出血して血を吐くこと。

2

▼間違える人が意外と多い——

正確に読みこなしたい漢字

月極

［つきぎめ］決められた月額で契約すること。「月極駐車場」は街でよくみる漢字。「げっきょく」と読むのは間違い。

角地

［かどち］道路のカドに面した土地のこと。「南向きの角地」などという。うっかりすると「かくち」と読みそう？

若干

［じゃっかん］ほんのすこしという意味。「若干名」とは何人なのか疑問に思う人も多いようだが、二〜三名がふつう。

委細

［いさい］「委」にはつまびらかという意味があり、細かくくわしいことという意味。「委細面談」とよくつかう。

報酬

［ほうしゅう］働いたことに対し支払われるお金や物のこと。「報」「酬」には、いずれも、むくいるという意味がある。

閑静

［かんせい］ひっそりとしていて静かなこと。「まわりは閑静な住宅街にかこまれています」などとつかう。

坪数

［つぼすう］土地の単位。坪はその昔「壺」と書き、垣などで囲まれた一区画をさした。「数」の読みにも注意。

眺望

［ちょうぼう］みはらしのこと。「眺望抜群」などという。「望」にも遠くのものをみるという意味がある。

喧騒

［けんそう］人声や物音がうるさいこと。「都会の喧騒からはなれた閑静な住宅地」のようにつかう。

囲碁

［いご］黒と白の石で陣地をとりあう遊び。定石《じょうせき》、布石《ふせき》、段違い、駄目を押すなど、囲碁から出た言葉は多い。

恩賜公園

［おんしこうえん］もとは天皇家の敷地で、それを一般に開放した公園のこと。

矯正

［きょうせい］よくないところを直すこと。「O脚《オーきやく》を矯正する」などとつかう。「矯」はまがったものを直すという意。

病棟

［びょうとう］病室がたくさんならんだ長い棟《むね》の建物。「一般病棟に移されることになった」などという。

惣菜

［そうざい］ごはんのおかずのこと。最近は、すでに調理されてお店にならんでいるものを指すことが多い。

丑の日

［うしのひ］十二支のうちの丑《うし》にあたる日。土用《どよう》（＝立秋前の一八日間）の丑の日には、ウナギを食べる。

蒲焼

［かばやき］ウナギなどを串刺しにしてタレをつけて焼く料理。串に刺さった姿が蒲《がま》の穂に似ていたことから。

賃貸

［ちんたい］使用料（＝賃）をとって物を貸すこと。

往診

［おうしん］医者が患者の家まで行って、診察すること。

蚕豆

［そらまめ］親指大のマメ。サヤが蚕《かいこ》のマユに似ていることから。空に向かって伸びるので「空豆」とも書く。

茄子

［なす］夏においしいおなじみの野菜。「一富士、二鷹、三茄子」というときは「なすび」。語源は「夏の実」とか。

生姜

［しょうが］黄色く辛い香辛料。すし屋の生姜をガリというのは、昔、大きな生姜をガリガリ噛《か》んでいたことから。

南瓜

［かぼちゃ］中身の黄色い夏野菜。昔、「カンボジア」から伝わったので「カボチャ」となった。「南瓜」と書くのは当て字。

西瓜

［すいか］赤や黄色の果肉で水分が多く甘い。西方からきた瓜で西瓜。エジプトでは何千年も前から食べられていた。

冬瓜

［とうがん］身の白い野菜。冬の瓜と書いても、旬《しゅん》は夏。冬まで貯蔵できることからこう書く。

胡瓜

［きゅうり］おなじみの長細い夏野菜。もとは「黄色い瓜」からきた名前で、インド原産。「黄瓜」と書くこともある。

甜瓜

［めろん］味も香りも甘い西洋ウリ。「甜《てん》」という字には甘いという意味がある。

牛蒡

［ごぼう］ひょろっとした茶色い根菜《こんさい》。「ゴボウ抜き」という言葉は、ゴボウを土から一気に引き抜くようすから。

葱

［ねぎ］食用植物。ネギの色は日本の伝統的な色彩で、浅葱《あさぎ》（浅黄）色といえば緑がかった薄い藍色、萌葱《もえぎ》色は青と黄の中間色、美しい緑色のこと。

胡桃

［くるみ］かたい殻におおわれた実は食用。油の原料にも。胡《こ》（西域）からきた桃という意味。

涼味

［りょうみ］すずしくてさわやかな感じ。

撥水

［はっすい］布や紙が水をはじくこと。

素麺

［そうめん］小麦粉を塩水でこねてつくる細い麺。もとは「索麺」だったが「素麺」と書き間違えられて定着した。

烏賊

［いか］十本足の軟体動物。海面を漂うイカを烏《からす》が狙い、つかんだ瞬間に海にひきずりこまれて食べられたという中国の話から、こう書く。

蕗

［ふき］早春の野草。花のつぼみや茎《くき》の部分を食べる。学名に〝Japonicus〟とつくように、日本原産。

蒟蒻

［こんにゃく］コンニャク芋の地下茎（コンニャク玉）の加工食品。コンニャク玉の粉末に石灰液を混ぜて、煮てつくる。

備長炭

［びんちょうたん］火力が強くて長持ちする質のいい木炭。「びんちょうずみ」とも読んだが、今はつかわない。「びっちょうたん」と読むのは間違い。

埠頭

［ふとう］船を岸につなぎとめ、乗客が乗り降りしたり、貨物の上げ下ろしをするところ。「埠」は港の意味。

捜査

［そうさ］犯人をさがし、証拠物件などを調べること。さがして（＝捜）、あきらかにする（＝査）という意味。

誘拐

［ゆうかい］人を誘い出して連れ去ること。「拐」はかどわかすという意味で、だまして連れ去るという意味。

窃盗

［せっとう］盗みをはたらくこと。警察の隠語《いんご》では「窃」という漢字のつくりから、窃盗を「うかんむり」という。

遮断機

［しゃだんき］鉄道線路の踏切にとりつけた機具で、列車・電車が通過するあいだ、人や車の交通を止めるもの。

桟橋

［さんばし］荷役や乗り降りのために船を横づけできるよう、岸から水上にのびた橋のこと。

更迭

［こうてつ］降格など悪い方向の人事異動。「部長は更迭された」などという。「こうそう」と読むのは間違い。

赴任

［ふにん］会社に任命された地へ赴《おもむ》くこと。「来月からニューヨーク支社に赴任することになった」のようにいう。

出納簿

［すいとうぼ］出すことと入れる（納める）こと、つまり、収入と支出を記した帳簿のこと。

僭越

［せんえつ］身分を超えて、でしゃばること。「僭越ながら申し上げます」というように、へりくだって意見をいうときによくつかう。

面子

［メンツ］世間に対する体面。面目人数がそろうことを面子がそろうというように、もとは中国のマージャン用語。

火急

［かきゅう］ひどくさしせまっていること。「省エネにとりくむことが企業の火急の課題だ」などという。

巷間

［こうかん］世間のこと。「近ごろ巷間でさわがれていることといえば」などとつかう。

机上

［きじょう］机の上のこと。「机上の空論」というと、理論だけで、じっさいには役に立たない意見という意味。

割愛

［かつあい］この「愛」は惜しいという意味で、おもいきって省略すること。「時間がないので割愛します」などという。

稟議

［りんぎ］官庁や会社などで、案を持ち回って承認を得ること。正しくは「ひんぎ」だが、「りんぎ」のほうで定着している。

強か

［したたか］つよくてしぶといさま。「強かな面構《つらがま》え」など。

仄聞

［そくぶん］ちょっと耳にすること。「仄聞するところによると」など。

忌憚

［きたん］忌《い》み憚《はばか》る、つまり、遠慮すること。「皆様の忌憚のないご意見をお聞かせください」などとつかう。

励行

［れいこう］一生懸命おこなうこと。「今年は会社でも節水を励行することにします」のようにいう。

不束

［ふつつか］ゆきとどかないこと。もとは太束《ふとつか》で、見た目が太くて不格好だという意味から転じたという。

矢面

［やおもて］矢がとんでくる正面という意味から、厳しく非難される立場のこと。「非難の矢面に立つ」などという。

範疇

［はんちゅう］分類された範囲、カテゴリー。「業務の範疇をいちじるしく超えないようにする」のようにいう。

出端

［ではな・でばな］物事の出だし。やりはじめてすぐ。「出鼻」とも書く。「出端を挫《くじ》く」などという。

駆逐

［くちく］追いだすこと。「悪貨は良貨を駆逐する」という慣用句としてよくつかわれる。

背馳

［はいち］そむ（背）いて走る（馳）＝反対すること。「会社設立の趣旨に背馳している」のようにつかう。

収賄

［しゅうわい］賄賂《わいろ》として金品を受け取ること。賄賂を贈るほうは贈賄《ぞうわい》。「収賄罪」「贈賄罪」などという。

斟酌

［しんしゃく］相手の心情を考えて手加減すること。「反省している点を斟酌して処分を決める」などという。

訥弁

［とつべん］つっかえながら話すこと。とつとつと話すというときの「訥」で、口ごもるという意味がある。

上前

［うわまえ］「上前をはねる」といい、他人の利益の一部を横取りする意。「上前」はもとは「上米《うわまい》」で税のこと。

手解き

［てほどき］初歩からていねいに教えること。「専門家の手解きを受けた」などという。「解き」の読み方に注意。

背徳

［はいとく］社会の道徳にそむくという意味。「これは国民を裏切る背徳行為だ」のようにつかう。

完遂

［かんすい］最後まで完全にやりとげること。「この巨大プロジェクトをぜひ完遂してほしい」のようにいう。「かんつい」は間違い。

幸先

［さいさき］いいことが起こるきざしの意。「幸先のいいスタートを切った」とはいうが「幸先が悪い」とはいわない。

固唾

［かたず］緊張しているとき口の中にたまる唾《つば》のこと。「固唾をのんでなりゆきを見守った」のようにつかう。

役務

［えきむ］はたらくことによる務めのこと。

遡及

［そきゅう］過去にさかのぼるという意味。

破天荒

［はてんこう］前例がないという意で、「破天荒な挑戦」などという。天荒（＝天地未開の混沌《こんとん》状態）を破ることから。

諫言

［かんげん］目上の人に忠告すること。「上司に諫言するのはむずかしいものだ」などという。

手向け

［たむけ］死者を含め、遠くへ旅立つ人へ別れのしるしとして贈る金品。「手」の読みがポイント。

下戸

［げこ］お酒が飲めない人。奈良・平安時代の律令《りつりょう》政治で、飲酒をすこししか許されなかった家を「下戸」としたことから。反対語は「上戸《じょうご》」。

生蕎麦

［きそば］もとはそば粉だけで作ったそば。いまはつなぎ入りのいわゆる「二八《にはち》そば」でも生そばと名乗るものも。

雲丹

［うに］いがぐりのような形をした海の動物。身が「雲」のような形で「赤い（＝丹）」ことから、こう書く。「海胆」「海栗」とも書く。

鋤焼

［すきやき］牛肉、ネギなどを砂糖、しょうゆで煮ながら食べる料理。もとは鋤《すき》の上にのせて焼いて食べたことから。

塩梅

［あんばい］味かげんのこと。もとは塩と梅酢で味を調《ととの》えることだが、ほどよく処理する「按配《あんばい》」と混同されることが多い。

白焼き

［しらやき］魚の表面にタレをつけず、そのまま焼くこと。「あなごの白焼き」などという。「しろやき」ではない。

卓袱

［しっぽく］長崎名物の卓袱料理の略。もとは中国料理で、円卓（＝卓袱）を囲み、大皿に盛った各種の料理を各自が取り分けて食べることから。

堪能

［たんのう］大いに満足すること。「秋の味覚を堪能した」などという。「足《た》んぬ（十分）」が語源で、堪能は当て字。

海苔

〔のり〕おにぎりなどに巻くノリ。苔《こけ》のように岩にはりついて育つ。江戸時代に養殖がはじまるまで珍重されていた。

銀舎利

〔ぎんしゃり〕白米のごはん。「舎利」は本来、火葬後の遺骨のことだが、米粒の隠語として寺でつかわれた。

尾頭付き

〔おかしらつき〕結婚式の鯛のように、頭から尾までついた祝い用の焼き魚。「御頭付き」と書かないように。

垂涎

〔すいぜん〕欲しくてよだれをたらすこと。たいそう欲しがること。「グルメ垂涎の一品」「垂涎の的」などという。「すいえん」は誤読。

河豚

〔ふぐ〕「河豚は食いたし命は惜しし」というように、美味だが猛毒をもつ魚。この成句はしたいことをためらう意につかう。

割烹

〔かっぽう〕肉を割《さ》いて、烹《に》ることから、料理するという意味。大衆割烹、割烹店などとつかう。

一見さん

〔いちげんさん〕はじめての客。お茶屋や高級料理屋などでは、紹介のない一見さんはお断りの店がある。

強肴

［しいざかな］懐石料理で、予定の献立のほかに必要に応じて中途で一品追加する料理のこと。

金平

［きんぴら］キンピラゴボウの略称。強精《きょうせい》作用があることから、怪力で有名な物語の主人公、坂田金平《さかたのきんぴら》の名がついた。

冷奴

［ひややっこ］冷やした豆腐。その昔、主人の槍《やり》をもつ奴（家来）の衣装の紋が豆腐と同じ正方形だったことから。

旨味

［うまみ］おいしい味。「旨味のある仕事」というように、商売でいい思いをするといった意味でもつかう。

牡蠣

［かき］美味で栄養たっぷりの身をもつ二枚貝。

柚子

［ゆず］実が小さくて酸味の強いミカンの一種。

出汁

［だし］カツオブシ、昆布などを煮出してとった旨味。また、自分の利益のために人を利用すること。「人をだしに使う」などという。

煮凝り

［にこごり］ヒラメなど、ゼラチン質の多い魚を煮て、煮汁とともに冷まし、ゼリーのようにかたまらせた料理。

泡盛

［あわもり］米からつくる沖縄名物の焼酎。泡盛を三年以上熟成させたものは、古酒《くうす》と呼ばれて珍重される。

沢庵

［たくあん］ダイコンを干し塩づけにしたもの。宮本武蔵の師匠、沢庵和尚の名に由来するという俗説がある。

精進料理

［しょうじんりょうり］肉や魚をつかわず、米や野菜などでつくった料理。もとはお寺で食べられた。

御愛想

［おあいそ］お店のお勘定のこと。本来、愛想尽かしをする（縁を切る）という意味なので、客がつかうと失礼になる。

飲兵衛

［のんべえ］大酒のみのこと。「○兵衛」はよくある名前で、気のきかない田舎者の代名詞。なお、「助兵衛」は女好きのこと。

酒蔵

［さかぐら］お酒をつくり、貯蔵する蔵。つい「さけぐら」と読みそうだが、酒場《さかば》や酒盛《さかも》り同様、「さか」と読む。

老舗

［しにせ］代々つづいているお店。老舗は当て字で、語源は先代に似せるという意味の「為似《しに》す」だという。

極上

［ごくじょう］すばらしく上等なこと。「極上の酒」など。

一尾

［いちび］「尾」は魚を数える単位で、魚一匹の意。

霜降り

［しもふり］牛肉の赤身に白い脂がまじっている状態。魚介類を熱湯にくぐらせるという料理用語でもある。

贅沢

［ぜいたく］身分や立場をこえて、必要以上にお金をかけること。「贅」はむだなもの、派手なものという意味。

雑炊

［ぞうすい］鍋にのこった汁やみそ汁に、ご飯や野菜類を入れてさらりと煮たもの。もとは「増水」と書いた。

嗜好

［しこう］人のたしなみや好み。「妊娠して食べ物の嗜好がだんだん変わってきた」のようにつかう。「嗜」はたしなむという意味。

人前結婚

［じんぜんけっこん］宗教的なものを排した結婚式。「ひとまえ」ではない。ちなみに、神社でおこなうのは神前《しんぜん》結婚。寺でおこなうのは仏前結婚。

角隠し

［つのかくし］高島田に結った花嫁の白いかぶりもの。もとは「すみ（＝ひたいの生えぎわ）かくし」と読んだ。

祝言

［しゅうげん］祝いの言葉。「祝言をあげる」というと結婚式をするという意味になる。「祝」の読み方に注意。

白無垢

［しろむく］上から下まで白い和の花嫁衣裳。「無垢」とは、本来仏教用語で、煩悩《ぼんのう》や穢《けが》れがない美しい状態をいう。

祝儀

［しゅうぎ］お祝いで人に贈る金品。芸人さんなどに好意のしるしとして渡す心づけ、チップの意味もある。

厳か

［おごそか］重々しくていかめしいようす。「オリンピックの開会式が厳かにとりおこなわれた」のようにいう。

逝去

［せいきょ］人が亡くなることの尊敬語。「恩師が逝去された」などとつかう。

訃報
［ふほう］死亡の知らせ。「ジョン・レノンの訃報は全世界をかけめぐった」などという。

弔問
［ちょうもん］死をいたみ、遺族を訪問して、お悔やみを述べること。「弔問に多くの人がかけつけた」などという。

数珠
［じゅず］仏をおがむとき手にかける丸い玉を糸に通したもの。もとは、念仏の回数を数える道具だった。

亡骸
［なきがら］死体のこと。「骸《むくろ》」とは、む（＝身）くろ（＝幹）のことで、もとは首を切られた胴体のこと。

厄除け
［やくよけ］厄（＝災難）をはらい除《よ》けること。「厄除けのお守り」など。

仲人
［なこうど］花嫁と花婿の仲立ちをすること。また、その人。

荼毘
［だび］火葬のこと。仏典で使うパーリ語の「焼身」の音に漢字を当てたもの。「荼毘に付《ふ》す」は火葬にするという意。

追善

［ついぜん］死者の魂があの世で幸せになるよう供養《くよう》すること。初七日《しよなのか》や四十九日におこなう法要が一般的。

法会

［ほうえ］死んだ人を追善供養すること。一般の人に仏の教えを説く会をいうこともある。「会」の読み方に注意。

忌明け

［きあけ］喪《も》に服する期間が明けること。とくに、死後四十九日以降をいう。「いみあけ」と読んでも正解。

経帷子

［きょうかたびら］お経を記した死者に着せる白い着物。これを着ると罪がなくなって極楽へいけるという。

卒塔婆

［そとば］墓地に、供養・功徳のため墓標として立てる細長い木の板。先が塔のようにとがっていて、戒名《かいみよう》や経文《きようもん》が記してある。「そとうば」とも読む。

七回忌

［しちかいき］七年目の命日。ほかに、一周忌、三回忌、十三回忌などをおこなうのが一般的。「なな」とは読まないので注意。

新盆

［にいぼん］亡くなってから、はじめて迎えるお盆のこと。供物《くもつ》をささげて死んだ霊の冥福《めいふく》を祈る。

出生

［しゅっしょう］赤ん坊が生まれること。名前が決まって役所に出すのは出生届。「しゅっせい」と間違いがち。

お食い初め

［おくいぞめ］赤ん坊にはじめてご飯を食べさせる儀式。書き初《かぞ》めや出初《でぞ》めと同様、「初め」の読み方がポイント。

初詣で

［はつもうで］新年に神社や寺へお参りして、無病息災《そくさい》を祈ること。「詣でる」は「行く」の謙譲語。

屠蘇

［とそ］正月に延命長寿をねがって飲むお酒。屠蘇散という漢方薬を、お酒にひたして飲んだことから。

七五三縄

［しめなわ］神社や神棚に張る縄。ひねった縄から三筋、五筋、七筋と順番に藁をたらすことから、こう書くようになった。「注連縄」とも書く。

上棟式

［じょうとうしき］家を建てるなか、棟木をあげる際、完成まで災いがおこらないよう祈る儀式。「棟上げ式」ともいう。

進物

［しんもつ］贈り物のこと。お店で包装するとき「ご進物用ですか、ご自宅用ですか」と聞かれるときの「進物」。

煤払い

［すすはらい］暮れに屋内の煤をきれいにすること。神社仏閣の煤払いのようすは年末のテレビでおなじみ。

法被

［はっぴ］祭りで着る半纏《はんてん》＝上着のこと。背中や腰まわりに、屋号などが染め抜いてあるので、印半纏《しるしばんてん》ともいう。

焼香

［しょうこう］霊前や仏前で香をたいて仏にたむけ拝むこと。

初孫

［ういまご］はじめての孫のこと。「はつまご」とも読む。

精霊流し

［しょうりょうながし］お盆に灯籠《とうろう》や供物を川に流して亡くなった人の霊をおくる行事。

灯明

［とうみょう］神や仏に供える明かりのこと。この明かりは、神仏に感謝と祈りをささげるためのもの。

鯉幟

［こいのぼり］鯉に似せた幟。鯉が滝をのぼり、竜になるという故事から、立身出世の象徴としてつかわれる。

端午

［たんご］五月五日の節句。もとは月初め（＝端）の午《うま》の日。「午」と「五」の音が同じことから五日で定着。

竿灯

［かんとう］秋田の夏の祭り。青森のねぶた、秋田の竿灯、仙台の七夕は、東北三大祭りとして知られている。

流鏑馬

［やぶさめ］馬を走らせながら矢を射る日本古来の武芸。現在は、もっぱら神社で神事としておこなわれている。

極彩色

［ごくさいしき］派手な色彩のこと。もとは濃厚に色をつける日本画の技法をいった。「ごくさいしょく」は誤読。

薬玉

［くすだま］開店祝いや式典、運動会などでつかう飾り物。昔は、香料の入った袋で端午の節句の魔除けとされた。

茶巾

［ちゃきん］茶の湯でつかう茶碗をぬぐう麻の布。料理の「茶巾絞《しぼ》り」はつぶした食材を包み、絞り目をつけたもの。

邂逅

［かいこう］思いもよらず、めぐりあうこと。「彼との邂逅が私を大きく変えた」などという。

一寸

［ちょっと］ほんのすこし。「一寸そこまで」などとつかうが、「一寸先は闇」という慣用句では「いっすん」と読む。

早急

［さっきゅう］急ぐこと。「早急にデフレ対策に取り組むべき」のようにいう。「そうきゅう」とも読む。

予め

［あらかじめ］前もって。「予めご了承ください」などとつかう。予言、予感といった熟語の「予」はこの意味。

更に

［さらに］つけくわえて。「借りたお金を返す気は更にない」などといい、さらさらないという意味にもなる。

漸次

［ぜんじ］だんだんと。「国際競争は漸次激しさを増した」のようにいう。しばしという意味の「暫時《ざんじ》」と混乱しやすい。

奇しくも

［くしくも］ふしぎなことにという意味。「奇しくもおなじ小学校の出身だった」のようにいう。「きしくも」ではない。

即ち

［すなわち］そのとき、即座に。いいかえれば、という意味もある。「先んずれば即ち人を制す」という格言は有名。

一切

［いっさい］打ち消しの文で、まったく〜ないという意味になる。「添加物を一切つかわないお弁当」といった具合。

全て

［すべて］のこらず全部という意味。「全ての道はローマに通ず」の「全て」。「総て」とも書く。

先ず

［まず］いちばんはじめ。「先ず先ず」とつづけると、まあまあという意味で、「先ず先ずの出来だ」などという。

概して

［がいして］おおよそ、だいたいという意味。「初任給は、概して大企業のほうが高い」のようにいう。

逸早く

［いちはやく］ほかよりも早く。「結果を逸早く知る」のようにいう。「逸」は当て字で特別な意味はない。

生憎

［あいにく］都合悪く。もとは、いらだたしい、間が悪いという意味の「あやにく」から。生憎は当て字。

専ら

［もっぱら］そのことばかり一筋に。「あの人はカツラじゃないかと業界で専らのうわさです」などとつかう。

凡そ

［おおよそ］だいたい。

度々

［たびたび］なんども繰り返して。

挙って

［こぞって］残らず全部。「集会には挙ってご参加ください」などという。聖歌「諸人《もろびと》こぞりて」などの「こぞりて」の音便形。

切に

［せつに］心から、という意味。「避難所生活が終わることを切に願う」などという。昔は「せちに」と読んだ。

予て

［かねて］かなり前からずっと、という意味。「彼は予て第一志望にしていた東大に合格した」のようにいう。

漸く

［ようやく］だんだんと。「漸く春めいてきた」のようにいう。「漸くたどりついた国境」というときは「やっと」の意。

暫く

［しばらく］ちょっとのあいだ。「しばらくお待ちください」の「暫く」。「暫くだね」は、お久しぶりという意味。

悉く

［ことごとく］すべてみな。「予想が悉くはずれた」などという。悉皆《しっかい》調査といえば、もれなく調べる全数調査のこと。

案の定

［あんのじょう］思ったとおり。「案の定、彼はおくれてやってきた」のようにいう。「定」は確かという意味。

些か

［いささか］ちょっと。「腕前には些か自信がある」のようにいう。些細《ささい》、些《さ》少《しょう》の「些」。

満更

［まんざら］かならずしも、という意味。「遠出するのは満更嫌でもない」などとつかう。

金輪際

［こんりんざい］これからずっと。「金輪際、金は貸さん」のようにいう。もとは仏教用語で、大地の底の底のこと。

甚だ

［はなはだ］ひじょうに。「やせ薬に効果があるかどうか甚だ疑問」などとつかう。「甚だ以《もっ》て」は甚だを強めた表現。

徐に

［おもむろに］ゆっくり落ち着いて。「半休をとっておもむろに出社した」などという。突然に、という意味はない。

半ば

［なかば］半分くらい。「カエルの子はカエルだと、半ばあきらめているんです」などとつかう。

具に

［つぶさに］「具に調査した」といえば、事細かくという意味で、「具に辛酸をなめた」といえば、十分にという意味。

益々

［ますます］前よりいっそうという意味。「みなさまの健康と益々のご発展をお祈り申し上げます」などとつかう。

巧みに

［たくみに］うまくという意味。「女性心理を巧みにつくキャッチセールスに引っかかった」などとつかう。

僅か

［わずか］ほんの少し。

如実

［にょじつ］実の如し、ありのままにという意味。

無性に

［むしょうに］むやみやたらに。「無性にラーメンが食べたくなった」などとつかう。「性」の読み方に注意。

言語道断
［ごんごどうだん］もってのほか。「ルール違反をするなんて言語道断だ」などとつかう。「言」の読みに注意、「げんごどうだん」ではない。

一期一会
［いちごいちえ］一生に一度という意味。もとは茶会の心得からきた言葉。「いっきいっかい」という珍ミスも。

十人十色
［じゅうにんといろ］それぞれ違うこと。「人の好みは十人十色だ」などという。「とにんといろ」はよくあるミス。

有象無象
［うぞうむぞう］取るに足りない人々という蔑称《べっしょう》。「しょせん有象無象のいうこと」などという。「象」の読みに注意。

文人墨客
［ぶんじんぼっかく］芸術関係に秀《ひい》でている風流な趣味人。「文人墨客に愛された有名な旅館」などとつかう。

傍目八目
［おかめはちもく］当事者よりも傍《はた》で見ている第三者のほうが物事の本質がわかるという意味。囲碁用語から。「岡目八目」とも書く。

三位一体
［さんみいったい］三つのものが協力してひとつになること。もとはキリスト教における神の定義からきた言葉。「位」を「み」と読むところに注意。

日常茶飯事

［にちじょうさはんじ］「日常茶飯」はふだんの食事、そこから、ありふれた平凡なこと、という意味になった。

十中八九

［じっちゅうはっく］たいてい。「飛び込み営業は十中八九断られる」などという。「じゅっちゅう」ではない。

女人禁制

［にょにんきんせい］寺院などに女性が入るのを禁ずること。「きんぜい」とも読む。

後生大事

［ごしょうだいじ］とても大切にすること。「おみくじを後生大事にもつ」などという。「後生」とは来世の意。

盛者必衰

［じょうしゃひっすい］栄えたものは必ず衰えること。「盛者必衰の理《ことわり》をあらわす」という『平家物語』の一節は有名。

異口同音

［いくどうおん］口をそろえていうという意。「この映画をみた人は異口同音に泣けたという」などとつかう。誤って「異句同音」と書かないように。

手練手管

［てれんてくだ］人を思いどおりにする技術。「手練手管で男を騙《だま》す」などという。「手練」も「手管」も意味は同じ。

傍若無人

〔ぼうじゃくぶじん〕人のことを考えず、勝手にふるまうこと。「彼の傍若無人の態度には腹が立つ」などとつかう。

一朝一夕

〔いっちょういっせき〕短い時間。「この問題は一朝一夕には解決しない」のようにいう。「いちゆう」ではない。

片言隻語

〔へんげんせきご〕ちょっとした短い言葉。「恩師の片言隻語を書きとめる」などという。「言」の読み方に注意。「片言隻句」という言葉もある。

悪口雑言

〔あっこうぞうごん〕思いつくかぎりの悪口のこと。

贅沢三昧

〔ぜいたくざんまい〕思いきりぜいたくに暮らすこと。「味」という字と見間違えて「ざんみ」とミスしがち。

喧々囂々

〔けんけんごうごう〕多くの人が騒ぎたてるようす。「侃々諤々《かんかんがくがく》」とまじった「ケンケンガクガク」という熟語はない。

知行合一

〔ちこうごういつ〕知と行とは別のものではなく、知っておこなわないのは真の知ではない。中国・明の王陽明の説。

人品骨柄

［じんぴんこつがら］その人にそなわっている品性。「彼の失言には人品骨柄を疑わざるをえない」などという。

物見遊山

［ものみゆさん］見物しながら遊びまわること。「出張経費で物見遊山はゆるされない」などという。

上意下達

［じょういかたつ］上司の命令が下に伝わること。「この会社は上意下達で仕事を進めている」のようにいう。

順風満帆

［じゅんぷうまんぱん］追い風（＝順風）を受けて船が調子よく進むように、物事がうまく進むという意味。「まんぽ」と読んだりしないように。

門戸開放

［もんこかいほう］制限していた出入りを自由にするということ。うっかり「もんと」と読まないように。

有為転変

［ういてんぺん］この世のすべての現象は移り変わるという意味。「有為転変は世の習いだ」というようにつかう。

泰然自若

［たいぜんじじゃく］ゆったりしていて落ち着いているという意味。「彼はいつも泰然自若としている」などという。

一言一句

［いちごんいっく］わずかな言葉。「言」の読み方は言葉によって違うが、この場合は「ごん」が正解。

一日千秋

［いちじつせんしゅう］一日会わなければ、千年も会わなかったように長く感じること。「いちにち」とも読む。

隠忍自重

［いんにんじちょう］苦しみをこらえて、行動をつつしむこと。「隠忍自重して機会を待つ」などとつかう。

悲喜交々

［ひきこもごも］よろこびと悲しみが交互にやってくること。「悲喜交々の人事異動」というようにつかう。

画竜点睛

［がりょうてんせい］最後の重要な仕上げ。描いた竜に最後に目を入れたら天に昇っていったという故事から。「がりゅう」ではないことに注意。

大願成就

［だいがんじょうじゅ］神や仏に願ったことがかなうこと。「成就」を「せいじゅ」と間違えないように。

是々非々

［ぜぜひひ］よいことはよい、悪いことは悪いと個々に判断する意。「個別の案件は是々非々で」などという。

行雲流水

［こううんりゅうすい］雲や水のように成り行きにまかせること。「行雲流水の旅で生涯を終えた」などという。

興味津々

［きょうみしんしん］ひじょうに興味があること。「津々」は、どんどんとわいているようすをあらわしている。

津々浦々

［つつうらうら］あらゆる所。「津」は港、「浦」は海岸という意味。

笑止千万

［しょうしせんばん］話にならないほどおろかな言動。「彼が立候補するなど笑止千万」のようにいう。

怨憎会苦

［おんぞうえく］仏教でいう人間の八つの苦しみのひとつで、憎い相手とも会わなければならない苦しみのこと。

依怙贔屓

［えこひいき］ある人だけを特別扱いしてかわいがること。つい「いこ」と読みたくなるが、「えこ」が正解。

旗幟鮮明

［きしせんめい］立場がはっきりしていること。「旗幟」とは旗《はた》、幟《のぼり》の意。「賛成か反対か旗幟鮮明にする」などという。

感極まる

［かんきわまる］感激が極まる、つまりひじょうに感動すること。「感極まって泣きだした」などとつかう。

有頂天

［うちょうてん］得意になること。もとは仏教用語で、世界のいちばん上（有頂天）にのぼりつめる状態からきた。

快哉

［かいさい］ひじょうに愉快なこと。「快哉をさけぶ（＝うまくいったと喜ぶ）」という慣用句でよくつかわれる。

感涙

［かんるい］深く感じ入って流す涙。「ベネチアでの受賞発表ではスタンディングオベーションを受ける大人気で思わず感涙だった」などとつかう。

御満悦

［ごまんえつ］満ち足りた気分になってよろこぶこと。「欲しかった服を買った姉はすっかりご満悦」のようにいう。

酷い

［ひどい］もしくは「むごい」とも読む。「ひどい点数」といえばデキが悪いという意味、「むごい話だ」といえば残酷だという意味。

憤怒

［ふんぬ］腹を立てること。「審判のミスジャッジに憤怒する」などとつかう。「ふんど」と読み間違いしやすい。

激昂

［げっこう］感情を高ぶらせて怒ること。「ウソツキといわれて彼は激昂した」などとつかう。「激」の読みに注意。「げきこう」ではない。

痛快

［つうかい］胸がすっきりして気持ちがいいようす。

焦燥

［しょうそう］いらいらして焦ること。

怒気

［どき］怒った気持ちや顔つきのこと。「怒気をふくんで顔を紅潮させる」などという。

居丈高

［いたけだか］居丈（＝座高）が高い、つまり上から威圧するような態度。「居丈高な物言いをする」などという。

業腹

［ごうはら］いまいましい。「ここであきらめるのも業腹だ」などという。もとは腹の中で業火（大火）がもえる意。

気色ばむ

［けしきばむ］怒っているようすが顔に出るさま。「温和な部長がめずらしく気色ばんで反論した」などとつかう。

憎悪

［ぞうお］心の底から憎むこと。「この抽象画は戦争への憎悪をあらわす」などという。「悪」の読み方に注意。

断腸

［だんちょう］このうえなく悲しむこと。子を失って悲しみのあまり息絶えた母ザルの腸が、ずたずたに切れていたという故事から。

侘しい

［わびしい］心にぽっかり穴があいたように物寂しい。「ひとりで紅白歌合戦をみるのは侘しい」のようにいう。

哀愁

［あいしゅう］ひっそりと物悲しいようす。「彼の背中はどこか哀愁をおびている」などという。「愁」はうれえるの意。

儚い

［はかない］あっけなく空しい。「夢よりもはかなき世の中を嘆きわびつつ」は『和泉式部日記』の有名な冒頭。

憂慮

［ゆうりょ］心をいためて嘆くこと。「少子化がとまらない日本の将来を憂慮する」というようにつかう。

苛まれる

［さいなまれる］精神や体をひどく苦しめられるという意味。「罪の意識に苛まれる」などとつかう。

呻吟

［しんぎん］苦しんでうなること。「アイデアがまったく浮かばずに呻吟する」というように比喩的にもつかう。

怨嗟

［えんさ］怨《うら》んでなげく（＝嗟）こと。「犠牲者の怨嗟の声が聞こえる」などという。「おんさ」ではない。

怪訝

［けげん］わけがわからず不審に思うこと。「間違って声をかけたら相手に怪訝な顔をされた」のようにつかう。

訝し気

［いぶかしげ］警戒してうたがわしく思うようす。「フラフラ歩いている人を訝し気に見つめる」などという。

辟易

［へきえき］勢いにおされてまいること。「えんえんとつづく彼女の自慢話に辟易した」のようにつかう。

厭世

［えんせい］世を厭《いと》う、つまり世の中が嫌になること。世を遁《のが》れる（＝俗世間をはなれる）のは「遁世《とんせい》」。

恬淡

［てんたん］物事に執着せずにあっさりしていること。「彼は金銭に恬淡としたところがある」などとつかう。

暗澹

［あんたん］希望をなくした暗い気持ち。「明日のテストを考えると暗澹たる気持ちになる」などとつかう。

忸怩

［じくじ］恥じること。「内心忸怩たるものがあった」のようにいう。「忸」も「怩」も恥じるという意味。

追従笑い

［ついしょうわらい］おかしくもないのに媚《こ》びて笑う、愛想笑いのこと。「ついじゅうわらい」はよくある間違い。

溜飲

［りゅういん］ゲップが出るようなむねやけ状態。「溜飲が下がる」という慣用句は、気持ちがすっきりするという意味。

悔恨

［かいこん］悔《くや》しがって残念に思うこと。

憤り

［いきどおり］ひどく腹を立てること。

呵責

［かしゃく］責め苦しめること。厳しくとがめること。「良心の呵責に耐えられない」などという。もとは罪を犯した僧侶に与える厳しい罰のこと。

詠嘆

［えいたん］思わず声に出して感心するという意味。「文章の美しさに詠嘆の声をあげた」のようにいう。

恐縮

［きょうしゅく］体が縮こまるほど恐れ入ること。「誠に恐縮ですが」などと依頼の前につかうことが多い。

苦杯

［くはい］苦い液体を入れた杯《さかずき》、つまり耐えがたい経験という意味。「決勝戦で苦杯をなめた」のようにいう。

衷情

［ちゅうじょう］いつわりのない心のうち。「被害者が裁判官に衷情を訴えた」などという。「衷」はまごころの意。

虚しい

［むなしい］中身がなくてからっぽだ。空虚。「虚しい名声を追い求める」などという。「空しい」とも書く。

疲労困憊

［ひろうこんぱい］疲れ果てること。「徹夜仕事で疲労困憊した」などという。

寂寥感

［せきりょうかん］物寂しいこと。侘しくひっそりとしているようす。

高をくくる

［たか］だいたいそんな程度だろう、と見くびること。この「高」は収穫高のことで数量という意味。

身を粉にする

［こ］体をはって一生懸命はたらくこと。「身を粉にしてはたらく」などとつかう。「こな」と読まないように注意。

徒となる

［あだ］むだになる。「彼の人のよさが徒となった」などとつかう。咲いても実がならないむだ花は「徒花」。

性に合う

［しょう］性格や好みが合うこと。「田舎ののんびりした暮らしが性に合っている」のようにいう。相性の「しょう」。

真に受ける

［ま］ほんとうにそうだと思うこと。「店の人のお世辞を真に受けてしまった」などとつかう。

音をあげる

［ね］どうしようもなく困っていくじのない言葉をはくこと。本音、弱音、声音の「ね」。

斜に構える

［しゃ］ちょっと皮肉っぽい態度をとる。「ジェームズ・ディーンのちょっと斜に構えた感じが好き」などとつかう。

根をつめる

［こん］精神を集中する。没頭《ぼっとう》するという意味。この「根」は根気の「こん」で、気力のもとという意味。

噫にも出さない

［おくび］すこしも口外しない。そぶりにも出さないこと。「体調の悪さを噫にも出さない」など。噫はゲップのこと。

分が悪い

［ぶ］「分」は優劣の状況という意味で、自分にとって形勢がよくないようす。「口ゲンカとなると分が悪い」などとつかう。

野に下る

［や］官職をやめて、民間の生活をすること。「西郷は官を辞して野に下《くだ》った」などという。「の」と間違いやすい。

氏より育ち

［うじ］生まれのよさよりも、まわりの環境が人柄に大きく影響するということ。「し」とは読まない。

品をつくる

［しな］女性がなまめかしいようすをすること。「品」の人柄という意味が、愛嬌《あいきょう》、あだっぽさと変化した。「科をつくる」とも書く。

柄にもない

［がら］自分の地位や性格にふさわしくないという意味。「柄にもなく映画をみて泣いてしまった」のようにいう。

悦に入る

［えつ］満足してよろこぶこと。「社長にほめられて悦に入《い》る」などとつかう。「入る」の読みにも注意。

肝が据わる

［きも］小さなことに動じない堂々とした態度。「肝をつぶす」「肝に銘じる」など、「肝」をつかった成句は数多い。

的を射る

［まと］要点をしっかりとらえること。「的を射た発言」などとつかう。的を「得る」と間違えないように。

罰が当たる

［ばち］神や仏から報《むく》いを受けること。

目の当たりにする

［ま］目の前で直接みること。「外国で文化の違いを目の当たりにした」のようにいう。

益もない

［やく］ムダである。「会長になったところで何の益もない」などとつかう。「益」は御利益《ごりやく》の益で効き目の意。

粋を集める

［すい］すぐれたものを集めるという意味。「明石海峡は現代の土木技術の粋を集めてつくった橋」のようにいう。

杯をもらう

［さかずき］相手についでもらったお酒を飲むこと。「杯を交わす」「杯を返す」などともつかう。

虚をつく

［きょ］相手のスキにつけこんで攻める。「予想外の質問に虚をつかれた」というように受け身でつかうことが多い。

軒を連ねる

［のき］たくさんの建物が隣接して密集していること。「高級ブティックが軒を連ねるエリア」のようにいう。

験をかつぐ

［げん］縁起をかつぐこと。「験」は修験者《しゅげんじゃ》、霊験《れいげん》などの言葉があるように、もとは仏道修行の「ききめ、効果」のこと。

襟を正す

［えり］服の襟をととのえることから、気を引き締めてきちんとする意。「襟を正して説法を聞いた」などとつかう。

梲が上がらない

［うだつ］出世できずパッとしないこと。「梲」とは、梁《はり》の上の棟木《むなぎ》を支える重要な柱。裕福な家でないとそれを上げられなかったことから。

腑に落ちない

［ふ］「腑」ははらわたの意で、そこにしっくりこないことから、納得がいかないという意味になる。

床に就く

［とこ］眠ること、もしくは病気で寝ていること。「十時には床に就く」などという。「ゆか」とミスしがち。

実もない

［み］中身がすっからかんのこと。「首相がいう改革は名も実もない」のようにいう。「実をとる」というときは「じつ」。

真に迫る

［しん］ひじょうにリアルにみえること。「彼女の演技は真に迫っていた」などという。いわゆる迫真の演技。

我を張る

［が］自分の意見を強引に押し通すこと。我を通す、我が強いなど「自分の主張」というときの読みは「が」。

端を発する

［たん］ある物事のきっかけ、という意味。「平成不況はバブルの崩壊に端を発した」というようにつかう。

興が醒める

［きょう］おもしろみがなく、しらけること。「芝居の陳腐《ちんぷ》なラストに観客は興醒めした」のようにいう。

角が立つ

［かど］ことがもつれて面倒になる。「智に働けば角が立つ」という夏目漱石の『草枕』の冒頭は有名。

精が出る

［せい］一生懸命に働くこと。「もうすぐ夏休みだと思うと仕事にも精が出る」などとつかう。

香を聞く

［こう］香をたき、そのかおりをかぐこと。

尾を引く

［お］ずっとあとまで影響がつづくこと。

懐にする

［ふところ］携帯したり、自分のものにする。昔の人は着物と胸とのあいだに、お金や物を入れて出かけた。

縁も縁もない

［えん、ゆかり］はじめの「縁」は「えん」、二つ目は「ゆかり」と読む。まったくつながりがないという意。

鯖を読む

［さば］数をごまかすこと。「年齢で鯖を読む」などという。鯖はくさりやすいので、数えるときに急いで数え、数をごまかすことからいう。

管を巻く

［くだ］酔っ払って、くだらない話をくどくどと何度も繰り返すこと。

彩る

［いろどる］色鮮やかに飾ること。「彩りゆたかな日本料理」などという。「あやどる」とは読まない。

反る

［そる］または［かえる］「背骨が反《そ》る」といえば弓なりに曲がること、「裾が反《かえ》る」といえば裏表逆になること。

興ずる

［きょうずる］おもしろがって楽しむこと。「遊びに興ずる子どもたち」のようにつかう。「こうずる」ではない。

唆す

［そそのかす］相手をその気にさせて悪いほうへ導くこと。「悪魔は人を唆す存在」などという。

培う

［つちかう］土養《つちか》う＝根に土をかけ植物を育てることから、意味が広がり、育てあげるという意味になった。

免れる

［まぬかれる］災いを受けずにすむこと、「まぬかる」という古語からきていて、「まぬがれる」と濁らないほうが無難。

傾げる

［かしげる］横にまげること。「この話は首を傾げるところが多い」というと、納得できないところが多いという意。「傾ける」なら「かたむける」。

寛ぐ

［くつろぐ］ゆったりしていて余裕があること。「安心施工《せこう》で寛ぎの空間を実現」などと新築物件の広告で見かける。

欺く

［あざむく］相手の期待にそむいて人をだますという意味。

蘇る

［よみがえる］失っていた状態のものが元にもどること。

浸かる

［つかる］水やお湯のような液体の中にひたること。「夏休み中はどっぷり映画に浸かる」などと比喩的にもつかう。「浸る」なら「ひたる」と読む。

充てる

［あてる］うまくいくように、割りあててつかうという意味。「ヘソクリを借金の返済に充てる」のようにつかう。

滑る

［すべる］なめらかに動くこと。口が滑るといった比喩的な使い方も。「滑《なめ》らか」は、物の表面がすべすべしているさま。よどみないさまをいう。

伴う

［ともなう］同伴、伴奏、相伴《しょうばん》といった熟語にあるように、いっしょに連れ立つという意味。

慮る

［おもんぱかる］ふかく思いをめぐらすこと。「中国の立場を慮る」のようにつかう。「ぱ」と読むところがミソ。

這う

［はう］腹ばいになり、地面を進むこと。「飲んだ次の日は這ってでも会社に来いといわれた」のようにいう。

耽る

［ふける］ひとつのことに心を奪われる状態。「耽美《たんび》主義」といえば、美に最大価値をおいた一九世紀後半の文芸思潮。

荒む

［すさむ］あれてうるおいがなくなること。「仕事に忙殺《ぼうさつ》されると心が荒む」のようにいう。荒廃、荒野などの「荒」。

償う

［つぐなう］相手に対してわるいことをしたとき、労働やお金でうめあわせること。古くは「つぐのう」と読んだ。

質す

［ただす］質問してたしかめること。「外交問題を大臣に質す」などという。「正す」「糺《ただ》す」と意味を混乱しないように注意。

廃れる

［すたれる］はやらなくなること。「地方都市の廃れてしまった商店街を歩く」のようにつかう。

利く

［きく］しっかりとしたはたらきをすること。気が利く、鼻が利く、融通が利く、など応用範囲はひろい。

退く

［しりぞく］もしくは「ひく」「のく」とも読む。場所や仕事、立場などからはなれるという意味。

競る

［せる］相手に勝とうと競《きそ》い合うこと。市場で買い手と売り手が大声をあげながら価格を決める「競り」も、この字。

臨む

［のぞむ］目の前で向かい合うこと。「臨床実験」「臨席する」「ご臨終です」などの「臨」。

憂える

［うれえる］思いわずらうこと。将来を憂えるなど、心配すること。おなじ読みの「愁える」は悲しむに近い。

佇む

［たたずむ］しばらく立ちつくすこと。「気がついたら街角でひとり佇んでいた」のようにいう。

絡む

［からむ］巻きついて離れないこと。また、まとわりつく、という意味。「政治家が絡んでくると話はいろいろとやっかいになる」などとつかう。

諭す

［さとす］よくわかるように教え、言い聞かせること。うっかり「ろんす」と間違えると、人から諭されるはめに。

緩む

［ゆるむ］締めつけている力が弱くなること。「頰が緩む」「寒さが緩む」など緊張や厳しさがやわらぐ意味もある。

煽る

［あおる］物や人の心をはげしく動かすこと。「広告が消費者の購買意欲を煽りたてる」のようにつかう。

喘ぐ

［あえぐ］激しい息づかいをすること。「不況に喘ぐ」「貧困に喘ぐ」などと苦しい状況をあらわすときにもつかう。

逆らう

［さからう］ある方向に反して、逆に進むこと。

呟く

［つぶやく］ぶつぶつと独《ひと》り言《ごと》をいうこと。

漏れる

［もれる］すきまからこぼれ落ちるという意味。「話が漏れる」「笑みが漏れる」というときの「漏れる」もこの漢字。

熱る

［ほてる］あつくなること。「熱る」は「イキる」とも読むので、「火照る」と書くほうが、わかりやすい。

咽ぶ

［むせぶ］食べ物をつまらせてむせること。または、むせび泣くこと。「嗚《お》咽《えつ》」の「咽」。

擽ったい

［くすぐったい］むずむずしてこそばゆい。「ほめられると擽ったい」といえば、照れくさいというニュアンス。

劈く

［つんざく］裂く、破るの意。「耳を劈く歓声」などとつかう。もとは指先で植物を裂き分けるツミサクからきた言葉。

嚼む

［かむ］歯で物をくだくこと。咀嚼《そしゃく》のシャク。口偏《へん》に「齒」と書く「嚙む」も、「交」と書く「咬む」もカむ。

悴む

［かじかむ］手足がつめたくなって思うように動かなくなること。「悴」は「憔悴《しょうすい》」のスイでも使われるように、もとは疲れてげっそりするという意味。

滾る

［たぎる］水などがはげしく煮えあがること。「情熱を滾らせる」などと、感情がはげしく起こる意でもつかう。

生温い

［なまぬるい］中途半端にあたたかい様子。温かいはアタタかい、「生」をつけずに「温い」ならヌクいと読む。

微睡む

［まどろむ］少しうとうと眠ること。「む」の送り仮名がなければビスイと読んで、意味は同じ。

凍てつく

［いてつく］漢字のとおり、こおりつくこと。「凍て」がつく熟語は、凍て空、凍て緩む、などいろいろある。

喧しい

［かまびすしい］「喧しく鳴く鳥」などといい、にぎやかでうるさいさま。「ヤカマしい」とも読む。

逆上せる

［のぼせる］上気して頭に血がのぼること。「逆上」をつかった当て字からもわかるように、かっとなって理性を失う意も。

摩る

［さする］表面を軽くこすること。「スる」とも読み、こちらは、「パチンコでお金を摩る」のように、使い果たす意。

馥郁たる

［ふくいくたる］いい香りがただよう様子。「馥」の読みは、腹や複と同じ旁《つくり》を見れば推測できそう。

齧る

［かじる］かたいものを歯でかむこと。「話を聞きかじる」というときもこれ。

顰めっ面

［しかめっつら］不快に思って眉《まゆ》をひそめた顔。「顰蹙《ひんしゅく》」でおなじみ「顰」の訓読み。「ヒソめる」の読みもあるが、この場合は「シカめる」。

疼く

［うずく］ずきずきして痛むこと。「虫歯が疼く」などという。

呻く

［うめく］感嘆したり、苦しさのあまり声を出すこと。

香しい

［かんばしい］香りがいいこと。送り仮名が「ばしい」なら、焦げた感じのいい匂いという「コウばしい」になる。

頬擦り

［ほおずり］愛情表現で頬を相手にすりつけること。「頬」だけならホホとも読むが、ホホズリとはいわない。

舐める

［なめる］舌先でなでたり、味わうこと。「辛酸《しんさん》を舐める」というように、つらいことを経験する意味でもつかう。

孕む

［はらむ］みごもること。「孕」の漢字をよく見ると、「子」をはらんでいるように見えてくる……？

朦朧

［もうろう］ぼうっとして意識がはっきりしていない様子。「朦」も「朧」も、それぞれ右側の旁の「蒙」「龍」をそのまま音にしてモウロウ。

渋面

［じゅうめん］にがにがしい顔つき。「渋滞《じゅうたい》」は読めるのに、「渋面」になるとシブメンなどと誤読する人が……。

挫く

［くじく］足を捻挫《ねんざ》すること。「強きを挫く」などともいうように、勢いをおさえるという意味でもつかう。

躙る

［にじる］じりじりとひざを押しつけるようにして動くこと。「蹂躙《じゅうりん》」のリン。ちなみに「蹂」は踏みつけること。

唸る

［うなる］低い声を長く出すこと。「エンジンが唸る」などというように、低い音が鳴り響いているイメージ。

掠れる

［かすれる］かすかにふれて通ること。「掠ったボール」などとつかう。「インクが掠れる」「声が掠れる」ときもこれ。

喇叭飲み

［らっぱのみ］ラッパを吹くようにビンを口につけて飲むこと。「喇」も「叭」も、旁の音にあてはめた当て字。

滑る

［ぬめる］なめらかでぬるぬるすること。もちろん「スベる」とも読む。

瞑る

［つぶる］目を閉じること。「ツムる」でも間違いではないが、正しくは「ツブる」。「瞑想《めいそう》」のメイ。

閃く

［ひらめく］一瞬、光ること。「いいアイデアが閃いた」などとつかう。

疝痛

［せんつう］発作的に起こるはげしい腹痛。「疝」は漢方でいう、腹部がずきずきする痛みをあらわす漢字。

流離う

［さすらう］目的もなく、歩き回ること。「海外を長いあいだ流離っていた」などという。「流浪う」とあてることも。

蘞い

［えぐい］アクが強くてえがらっぽいこと。言葉はよくつかうのに、漢字はほとんど登場しない。

3

▼教養に磨きがかかる——

日本人なら知っておきたい漢字

颪

［おろし］山から吹き降ろす勢いのある風。阪神タイガースの応援歌『六甲颪《ろっこうおろし》』は、六甲山からの風をいう。

野分

［のわき］野の草をかき分ける強い風＝台風のこと。野分の次の日は趣《おもむき》があるといったのは『枕草子』の清少納言。

雨脚

［あまあし］雨が通り過ぎていくさまをいい、「雨脚が速い」などとつかう。

氷柱

［つらら］軒先などに棒状にたれさがった氷。寒い土地では、滝が凍って、まさしく氷の柱になることがある。

温気

［うんき］蒸し暑いこと。「地面から立ち上ってくるような夏の温気」などとつかう。「おんき」ではない。

極寒

［ごっかん］とてつもなく寒いこと。「極寒のアイスランドに行ってきた」のようにいう。「極」の読み方に注意。

野辺

［のべ］野の辺り《あたり》＝野原のこと。「野辺の送り」というときの野辺は火葬場の意味で、死者を弔《とむら》うという意味になる。

海原

［うなばら］ひろい海。「大海原をゆうゆうと泳ぐクジラ」などとつかう。この「原」は「たいらで広い」という意味。

東雲

［しののめ］東の空が白むころ。また、明け方に東の空にたなびく雲。語源は、住居に光をとりいれる「篠の目（＝細い竹でつくった網目）」。

径

［こみち］獣道《けものみち》をすこしよくしたくらいの狭い道。出版社の径書房は、「けいしょぼう」ではなく「こみちしょぼう」。

河岸

［かし］海や川のそばの岸。東京の築地市場のような魚河岸《うおがし》のことを略して、単に「河岸」と呼ぶことも。

寄生木

［やどりぎ］ほかの樹木に寄生して成長する木。明治の文豪・徳冨蘆花《とくとみろか》が書いた『寄生木』という小説は有名。

籐

［とう］籐イスやカゴの材料になるツル植物。軽くて丈夫なため、家具の材料として古くから重宝されてきた。

浜木綿

［はまゆう］細い花びらを広げ海辺で咲くヒガンバナ科の多年草。「はまもめん」と間違わないこと。

不知火

［しらぬい］夏の夜の海上を漂っては消えるふしぎな光。漁船の漁火《いさりび》が屈折の現象でさまざまな形にみえる。

隘路

［あいろ］せまい道。妨《さまた》げになるものという意もあり、「システムの隘路を解決する」などとつかう。

匂い

［におい］いい香りのこと。嫌なニオイは「臭い」と書く。

明星

［みょうじょう］星の中でも明るい金星の別名で、「明けの明星」「宵の明星」ともいう。比喩的にスターの意味も。

界隈

［かいわい］そのあたり、といった漠然とした範囲のこと。「日本橋界隈をそぞろ歩いた」などとつかう。

屹立

［きつりつ］山や岩などが高くそびえたっているさま。「巨大な岸壁《がんぺき》が屹立している」のようにいう。

滴る

［したたる］水がしずくになって落ちること。「水も滴るいい女」といえば、みずみずしさがあふれる美女のこと。

幽谷

［ゆうこく］奥深い山にある静かな谷。「中国の深山幽谷《しんざんゆうこく》を描いた水墨画」のようにいう。「谷」の読み方がポイント。

花卉

［かき］観賞用に栽培された草花のこと。「卉」は草の総称。「花卉園芸」などとつかう。「かべん」と読むのは間違い。

飛沫

［しぶき］水などの液体が飛び散ること。「波の飛沫が砂浜を黒く濡らしている」などとつかう。

蜃気楼

［しんきろう］砂漠や海上の空中に、見えるはずもないものが見える自然現象。富山県の魚津《うおづ》は蜃気楼で有名なところ。

白夜

［びゃくや］緯度《いど》の高い北欧などで見られる夜でも明るい空のこと。最近は「はくや」でも正解。

風情

［ふぜい］しみじみとした趣。「山間《やまあい》の終着駅はさすがに風情がある」などとつかう。「情」の読み方がポイント。

陽炎

［かげろう］日に照らされ暑くなった空気がゆらゆら立ちのぼるさま。朝昼の気温の差が大きい夏におこりやすい。

五月雨

［さみだれ］陰暦の五月に降る雨。芭蕉《ばしょう》の句で有名な「五月雨をあつめて早し最上川」というときの「さみだれ」。

薫風

［くんぷう］おだやかな南風。「浜辺の薫風がほおをなでた」のようにいう。「風」を「ぷう」と読むのがミソ。

黄昏

［たそがれ］夕方のこと。物事の終わりぎわという意味の比喩にも使われ、「黄昏どきの日本経済」などとつかう。

夕映え

［ゆうばえ］夕日に照らされて、物が美しくみえること。「街全体が夕映えに染まった」のようにつかう。

潮騒

［しおさい］波の音。ただし、三島由紀夫の小説『潮騒』は「しおざい」とにごる。

凹地

［くぼち］周りよりへこんでいる土地。

曇天

［どんてん］曇り空。曇った天気のこと。

森閑

［しんかん］物音ひとつなくひっそり静まり返っているさま。「深閑」とも書く。

天誅

[てんちゅう] 天罰の意。制裁のために人に斬《き》りかかるとき叫ぶ言葉でおなじみ、「天誅でござる!」の「天誅」。

定宿

[じょうやど] いつもきまって泊まる宿。遊興のためによくいく茶屋のこともいう。「宿」を訓読みするのがミソ。

旅籠

[はたご] 旅人が泊まる宿。昔、旅人の食べ物を入れる器をハタゴといい、その食事をだす宿屋もさすようになった。

流罪

[るざい] 罪を犯した人を、隔離されたところや遠い島へ追放する刑。流される人は、流人《るにん》。

月代

[さかやき] まげを結った男性の額から頭の中央にかけて、髪の毛を半月形に剃《そ》ったところ。

仇

[あだ] うらみのこと。「恩を仇でかえす」といえば、本来は感謝すべき相手をうらみ、ひどいことをするという意味。

敵討ち

［かたきうち］かたきを討つこと。あだうち。意外なところでの敵討ちのたとえが「江戸の敵を長崎で討つ」。

介錯

［かいしゃく］切腹する人の首を斬り落とすこと。切腹だけではなかなか死ねずに苦しむため、介錯を必要とした。

刺青

［いれずみ］肌を針で彫って色をつけた模様。「刺青」は当て字。谷崎《たにざき》潤一郎《じゅんいちろう》の作品は「しせい」と読む。

助太刀

［すけだち］加勢して助けること。「太刀」とは刀のことで、じっさいに刀で戦ったことからこう書く。

本望

［ほんもう］もともと抱いていた望み。「財産争いをするのは本望ではない」などという。「望」の読みがポイント。

腹心

［ふくしん］心の奥底という意味で、心から信頼できる人のこと。「腹心の部下」というのは、よくつかわれる表現。

曲者

［くせもの］用心すべき怪しい者。時代劇の台本にあったこの字を「まがりもの」とよんだ若いタレントがいたとか。

拙者

［せっしゃ］武士が自分のことをへりくだっていう自称。

刺客

［しかく］暗殺のために送りこまれる人。

匕首

［あいくち］鍔《つば》（刀身と柄《え》のあいだにはさむ鉄の板）がない短刀。柄と鞘《さや》がぴったり合うので「合口」とも。

自刃

［じじん］刃物でみずからの命を絶つこと。「白虎隊《びゃっこたい》が自刃したのは飯盛山《いいもりやま》」などとつかう。

博打

［ばくち］お金や物を賭けて勝負をあらそうこと。はじめ「ばくうち」と読んでいたものがいつしか短くなった。

船宿

［ふなやど］港についた漁船の乗組員のための宿屋。食事や道具の世話をする。釣り人に船を貸すところも船宿。

松明

［たいまつ］松や竹などをたばねて火をつけ、屋外の照明にする。焚松《たきまつ》という言葉が変化したもの。

出奔

［しゅっぽん］逃げて行方をくらますこと。「武蔵は恋人のお通《つう》をつれて村を出奔した」などという。

土塀

［どべい］土でできた塀のこと。土塀づくりに茅葺《かやぶ》き屋根は、日本古来の伝統的な住宅の特徴。

不逞

［ふてい］自分勝手にふるまい、ずうずうしいようす。「不逞の輩《やから》」といえば、けしからんやつという意味になる。

真髄

［しんずい］その道でいちばん大切な極意のこと。「医療の真髄は予防にあるといわれている」などとつかう。

謀反

［むほん］国家や主君にそむいて戦うこと。「明智光秀は、主君、織田信長に謀反をおこした」というようにつかう。

支度

［したく］用意や準備。「支」はわかつ、「度」は測るという意味で、もとは費用を見積もるという意味だった。

仕業

［しわざ］人が、ある目的や意思によっておこなうふるまい。「こわしたのは誰の仕業か」などとつかう。

提灯

［ちょうちん］ろうそくを囲った照明具。「提灯持ち」というと、たのまれもしないのに人の長所を吹聴《ふいちょう》すること。

喧嘩

［けんか］騒がしく争うこと。「火事と喧嘩は江戸の華」というように、江戸っ子は喧嘩っぱやいことで知られた。

下手人

［げしゅにん］人を殺すなど犯罪を犯した者のこと。「下手人は市中引き回しのうえ、打ち首獄門」などとつかわれた。

隠れ蓑

〔かくれみの〕身を隠すことができる蓑。「ネットの匿名性を隠れ蓑にする」などと、いまは比喩的につかわれる。

陰謀

〔いんぼう〕ひそかにもくろむ悪い計画のこと。「陰謀をめぐらせた」のようにいう。「謀」ははかりごとという意味。

隠密

〔おんみつ〕スパイのこと。時代劇には、隠し目付《めつけ》や御庭番《おにわばん》という幕府にやとわれた隠密がよく出てくる。

骰子

〔さい〕サイコロのこと。「賽」とも「采」とも書く。

賭け事

〔かけごと〕金品を賭ける勝負事。

版図

〔はんと〕一国が治める領土のこと。「彼は一代にして版図を大きく広げた」などとつかう。

黒衣

［くろこ］「くろご」とも読む。歌舞伎役者のうしろに控え、演技の手助けをする黒い衣服を着た人。

幕間

［まくあい］芝居や歌舞伎で一幕終わったあとの休憩時間のこと。うっかり「まくま」と間違いやすい。

女形

［おんながた］女性を演ずる男性の役者のこと。いまは本来の「おやま」よりも「おんながた」と読むのがふつう。

寄席

［よせ］落語や講談などをもよおす場所。「よせせき」と読んでいたものが、いつの間にか略されて「よせ」に。

噺家

［はなしか］落語家のこと。落語家の語る「はなし」は、「話」ではなく、「噺」あるいは「咄」と書く。

出囃子

［でばやし］落語家が高座に上がるとき演奏される三味線や太鼓の音楽。いまはケータイの着メロに使う人も。

演目

［えんもく］寄席や芝居の題名。義経と弁慶が出てくる「勧進帳《かんじんちょう》」や、「仮名手本忠臣蔵《かなでほんちゅうしんぐら》」といったもののこと。

真打

［しんうち］落語家などの格付けで最高位。寄席で最後に出演する。「前座」から「二ツ目」「真打」へと進む。

科白

［せりふ］役者が芝居でいう言葉。「科」はしぐさ、「白」は言うという意味。「台詞」は当て字。

桟敷席

［さじきせき］ちょっと特別な見物席。ふつうの土間よりすこし高い位置にかまえて、一階と仕切ってある。

大舞台

［おおぶたい］大きくて立派な舞台。「ニューヨークの大舞台で大絶賛」などという。「だいぶたい」とは読まない。

一幕物

［ひとまくもの］二幕、三幕とつづかずに、一幕で話が終わる舞台のこと。「いちまくもの」とは読まない。

柿落とし

［こけらおとし］新しく建てた劇場の最初の催し物。新築のあと柿（材木の削りくず）を落としたことから。「柿《かき》」とは違う字なので注意。

稽古

［けいこ］教わった技芸を練習すること。もとは古《いにしえ》を稽《けい》する（考える）、つまり広く学問するという意味。

芸妓

［げいぎ］宴席で、歌や踊りを踊って客を楽しませるプロの芸者のこと。体を売る「娼妓《しょうぎ》」と区別された。

戯曲

［ぎきょく］演劇でつかう台本のこと。

花柳界

［かりゅうかい］「花」も「柳」も美しさのたとえで、芸者や遊女のいる世界のことをいう。

花魁

［おいらん］専用の座敷をあてがわれた位の高い遊女・太夫《たゆう》のこと。花魁が着飾って郭《くるわ》の中を練り歩くのが花魁道中《どうちゅう》。

幇間

［ほうかん］ いわゆる男芸者で、酒席の興をそがないようにいろいろと気をくばる人。「幇」は助けるという意味。

枡席

［ますせき］ 木材で四角い枡形に仕切ってある相撲場や劇場の観客席のこと。観覧するのにとてもいい場所。

お披露目

［おひろめ］ 芸者がはじめてでるときや、歌舞伎役者が襲名するときに、観客に姿をみせること。

宗家

［そうけ］ 芸道で、正しい血統をついで教えを伝える本家。一門の中心となる家。〇〇流宗家などという。

世襲

［せしゅう］ 職業や地位などを、子どもが代々受け継ぐこと。歌舞伎界では名門の多くが世襲か、血縁者の養子。

薪能

［たきぎのう］ 薪の火を照明代わりにして夜におこなう能のこと。毎年五月におこなわれる興福寺の薪能は有名。

仕手

［して］能や狂言における主役のこと。能は分業制で、シテ方、ワキ方、囃子方《はやしかた》、狂言方などに分かれている。

金春流

［こんぱるりゅう］能楽のシテをつとめる流派のひとつ。シテ方には金春流のほか、観世《かんぜ》流、宝生《ほうしょう》流、金剛《こんごう》流、喜多《きた》流がある。

舞踊

［ぶよう］舞い踊る、つまり音楽に合わせて感情や意思を表現する芸術。「舞踏《ぶとう》」は現在ではもっぱら前衛舞踊につかわれる。

醍醐味

［だいごみ］いちばんのおもしろさ。もとは牛乳を精製する過程を五段階に分け、その最上の味をあらわす言葉。

謡曲

［ようきょく］能でふしをつけて謡《うた》う詩歌《しいか》や文章。結婚式でよく謡われる『高砂』は、謡曲の神様世阿弥《ぜあみ》の作。

詩吟

［しぎん］漢詩や短歌などに独特のフシをつけて大きな声で謡うこと。

嫡流

〔ちゃくりゅう〕本家の正統の家すじ。「鎌倉源氏の嫡流は、頼朝、頼家、実朝の三代で消滅した」などとつかう。

表千家

〔おもてせんけ〕茶道の有名な流派のひとつ。「千家」というのは茶道の大成者、千利休《せんのりきゅう》の血筋を引く家柄のこと。

本邦

〔ほんぽう〕わが国。海外の映画や芝居が封切られると、「本邦初公開」などと宣伝される。「邦」の読み方に注意。

梨園

〔りえん〕歌舞伎界のこと。「梨園の御曹司」など。

円熟

〔えんじゅく〕技や演技などがますます磨かれ、深い味わいがあること。「円熟した演技」などという。

放蕩

〔ほうとう〕勝手気まま。とくに酒色などの道楽にうつつを抜かすさまをいう。「困った放蕩息子」などとつかう。

ちょっといい気分になれる小粋な表現

生一本

［きいっぽん］まじりけがなくて純粋なこと。「生一本の酒」「生一本な性分《しょうぶん》」のようにほめ言葉につかう。

柳腰

［やなぎごし］女性のほっそりとしたしなやかな腰つきのこと。浮世絵に描かれるような美人の形容。

殊勝

［しゅしょう］殊《こと》に勝《すぐ》れるという意から、感心なこと。「娘が殊勝にも看病してくれた」などという。

好々爺

［こうこうや］やさしくて人のよいお爺《じい》さん。「晩年のジャック・レモンは好々爺という感じだった」のようにいう。

気風がいい

［きっぷ］気前がいいこと。「あそこの女将《おかみ》は気風がいい」などとつかう。「きふう」という読み方がなまったもの。

健気

［けなげ］心がけが殊勝なさま。年少者や力の弱い者がかいがいしくふるまうさま。「健気な少年」などとつかう。

礼賛

［らいさん］ほめたたえること。「ダム建設の偉業を礼賛する」などとつかう。「れいさん」ではない。

直向き

［ひたむき］物事にひたすら熱中するさま。「彼の直向きなプレイに感動した」のようにいう。

偉丈夫

［いじょうふ］体がたくましくて立派な男。「堂々たる偉丈夫」などという。「いじょうぶ」と間違えやすいので注意。

好事家

［こうずか］風流なことを好む人のこと。人並みはずれた知識をもっていても、あくまで趣味として楽しむ人たち。

莫逆

［ばくぎゃく］逆《さか》らうこと莫《な》し＝とてもよい仲。「莫逆の友」などという。「ばくげき」は昔の読み方。

知己

［ちき］己の心を知る、つまり親友のこと。「出会ってすぐに数十年来の知己のように意気投合した」などという。

瑞々しい

［みずみずしい］新鮮で生き生きとしていること。瑞穂といえば、みずみずしくて精気に満ちた稲の穂のこと。

潔い

［いさぎよい］思いきりがよいようす。「潔くあきらめる」「潔い最期」など。

淑やか

［しとやか］（女性の）上品で落ち着いているようす。「淑やかな物腰」など。

敏捷

［びんしょう］動作や反応がすばやいこと。「敏」は感覚がするどいこと、「捷」には早いという意味がある。

慧眼

［けいがん］物事の本質をみぬく鋭い洞察力。「彼の慧眼には脱帽するほかない」のようにつかう。

心憎い

［こころにくい］憎らしくなるくらい見事だという意味。「この店の演出は心憎いほどだ」などという。

朋友

［ほうゆう］友人。昔から、「酒は朋友の徳あり（＝一緒に酒を飲むと心から親しくなれる）」といわれる。

流暢

［りゅうちょう］話す言葉がよどみがなく、すらすらしていること。流れるようにのびやか（＝暢）という意味。

長ける

［たける］ある方面の力・才能を十分にもっていること。「彼は処世術《しょせいじゅつ》に長けている」「才知に長ける」などとつかう。

敬虔

［けいけん］神や仏を誠意をもって敬うこと。「彼女は敬虔なクリスチャンだ」などという。「虔」はつつしむという意味。

凄腕

［すごうで］ずば抜けてすぐれた腕前。「彼は凄腕の麻薬捜査官だ」などという。どちらの字も訓読みする。

華奢

［きゃしゃ］姿形がほっそりとして美しいさま。「華奢な体つき」などという。物に対してもつかう。

綺麗

［きれい］うつくしいこと。ただし、「綺麗事」といううつかい方をすると、表面的なことだけをととのえるという悪い意味になる。

明瞭

［めいりょう］はっきりして明らかなさま。あいまいな点がないこと。「明瞭な発言」などとつかう。

丹念

［たんねん］細かいところまで心をこめて扱うこと。「丹念な細工」などとつかう。

小気味よい

［こきみよい］あざやかで気持ちがよい。「小気味よい作品」「小気味よい切れ味」などとつかう。

清々しい

［すがすがしい］胸がすっきりするようにさわやかで気持ちがいいこと。「清々しい汗をかいた」などとつかう。

謙虚

［けんきょ］すなおで控えめなこと。「謙」は訓読みすると謙《へりくだ》るで、自分を低めて行動するという意味。

好漢

［こうかん］感じのいい男のこと。悪漢《あっかん》や無頼漢《ぶらいかん》という言葉があるように、「漢」には男性という意味がある。

丁寧

［ていねい］礼儀正しくすみずみまで注意がゆきとどいているさま。「丁寧な言葉遣い」などとつかう。

柔和

［にゅうわ］やさしくおとなしい。「柔和な顔をして眠っている」などとつかう。「じゅうわ」と誤りやすい。

篤志家

［とくしか］社会に貢献する慈善活動などを進んで援助する人。志が篤《あつ》い（＝気持ちが深い）人ということ。

大黒柱

［だいこくばしら］家を建てるとき、いちばんはじめに立てる中央の柱。そこから「支えとなる人」という意味になった。

芳しい

［かんばしい］立派だという意味だが、「芳しくない」と否定的に使われるほうが多い。「いい匂い」という意もある。

脱帽

［だつぼう］帽子を脱ぐ、つまり相手に敬意をあらわすこと。「彼女のカンの鋭さには脱帽するよ」などとつかう。

腕白

［わんぱく］大人のいうことを聞かずに悪さをする子どものこと。当て字なので、腕が白いこととは関係ない。

朗らか

［ほがらか］明るく快活なこと。「朗らかな笑顔」などという。

心地好い

［ここちよい］気持ちがいい。心地の読み方がポイント。

瀟洒

［しょうしゃ］あかぬけていること。「スペイン風の瀟洒なホテル」などという。「瀟」は水、「洒」は洗うの意。

思慮深い

［しりょぶかい］物事をよく考えて慎重に行動すること。ほかに「思慮分別」「思慮に欠ける」などの言葉もある。

香具師

［やし］縁日に見世物を出したり物を売ったりする人。「こうぐし」ではないので注意。

年季

［ねんき］奉公人を雇う期間。そこから「年季が入る」といえば、長年おなじ仕事をつづけて腕をあげる意になった。

緻密

［ちみつ］細かくてスキがないこと。「緻」はこまかい、「密」はぴったりとしていてすきまがないという意味。

象嵌師

［ぞうがんし］金属・陶磁器・木材などの表面に模様を刻んで金・銀などをはめこむ仕事をする人。象《かたど》って嵌《は》め込むの意から。

漆塗

［うるしぬり］植物の漆からつくった塗料をぬった器のこと。なかでも石川県の輪島塗《わじまぬり》は、高級品として有名。

職人気質

［しょくにんかたぎ］一見頑固だが仕事一途で誇り高いといった職人独特の性質。この場合は、「きしつ」と読むのは間違い。

塗師

［ぬし］漆を塗って漆細工をつくる人。「ぬりし」と読んでいたものが「ぬっし」に変わり、やがて「ぬし」に。

易者

［えきしゃ］中国の「易経《えききょう》」の教えに基づいて、吉凶を判断する占い師のこと。

杜氏

［とうじ］お酒をつくる職人。または、その長。「杜」は酒の発明者杜康《とこう》の姓から。

殺陣師

［たてし］映画や芝居の立ち回り（斬り合いの乱闘シーン）の型を教える人。「さつじんし」は恐ろしい間違い。

石工

［いしく］山から石を切りだして、細かな加工をする人。大工《だいく》さんと同じように、「工」の読み方がポイント。

研師

［とぎし］刃物や鏡などを研ぐ職人。とぎもの師ともいう。

生業

［なりわい］生計のための仕事。「作家は書くことを生業とする」などという。もとは生産の業＝農作をさした。

棟梁

［とうりょう］大工さんをまとめる親方。棟《むね》も梁《はり》も、家を建てるのに欠かせないことから、頭《かしら》の意味に。

元締

［もとじめ］お金にからむような、大本《おおもと》の取りまとめをする人。「彼はこの街の元締だよ」などとつかう。

藍染屋

［あいぞめや］藍で染めた品を売る染め物屋。のちに紺屋と呼ばれ、染め物屋一般をさすようになった。

軽業師

［かるわざし］綱渡りなどの曲芸を演じる人。「軽業師のように隣の木へとびうつった」のようにもいう。

究める

［きわめる］深く研究し、物事の本質をつかむこと。「芸の道を究めるというのはたいへんなことだ」などという。

律儀

［りちぎ］義理堅くて、誠実なこと。「年賀状を欠かさない律儀な人」などという。

窯業

［ようぎょう］窯《かま》で陶磁器をつくる仕事。中世からつづく瀬戸、備前、信楽《しがらき》、丹波、越前、常滑《とこなめ》を日本六古窯《ろっこよう》という。

養蚕

［ようさん］蚕《かいこ》を育て生糸《きいと》の原料になる繭《まゆ》をとること。蚕の繭からとった糸は「蚕糸」と書いて「さんし」と読む。

剪定

［せんてい］草木のみばえをよくしたり、実が結ぶように枝葉を切って整えること。「庭木を剪定する」などという。

投網

［とあみ］水に投げ入れて魚をとる網。下におもりがついていて円錐《えんすい》形に広がる。「なげあみ」とも読む。

紡錘車

［ぼうすいしゃ］綿や繭から繊維をひきだして縒《よ》りをかけ、糸をつむぐときにつかう車。「紡」も「錘」もつむぐ意。

炭鉱

［たんこう］石炭を掘り出す場所。二〇〇二年、太平洋炭鉱が閉山されたのを最後に、日本の炭鉱は姿を消した。

手応え

［てごたえ］相手に働きかけたときに返ってくる反応。「合格するような手応えを感じた」などという。

賜物

［たまもの］周りから受けた恩恵。「今回のプロジェクトの成功は、皆様のご指導の賜物です」のようにいう。

頑固

［がんこ］自分の考えや態度をかたくなに守ること。

木目

［もくめ］木の断面にみえる年輪などの模様。

和洋折衷

［わようせっちゅう］日本のものと西洋のものを取り合わせること。「衷」とはかたよらず中をとる、という意味。

動物や昆虫の名前が隠れた熟語を楽しむ

牛耳る

［ぎゅうじる］組織をしきること。中国の戦国時代、盟主たちが牛の耳を裂いて生き血をすすり結束した故事から。

猫糞

［ねこばば］悪いおこないを隠して知らん顔をすること。用を足したネコは土や砂をかけてフンを隠すことから。

狼狽

［ろうばい］うろたえること。「狽」も狼のことで、両者は離れて行動すると、うろたえるという言い伝えから。

蛇足

［だそく］いらないもの。「この部分はまったくの蛇足だ」などという。蛇に足までつけて描いた者の故事から。

窮鼠

［きゅうそ］追いつめられたネズミ。「窮鼠、猫を噛む」といえば、窮地の弱者は強者を倒すことがあるという意味。

虎穴

［こけつ］トラの棲《す》む穴、危険な場所という意味。「虎穴に入《い》らずんば虎《こ》児《じ》を得ず」の「虎穴」。

鷹揚

[おうよう] タカが空を飛ぶように堂々としているさま。「鷹揚にかまえる」「鷹揚な態度」などという。

脱兎

[だっと] 勢いよく逃げるウサギのことで、動作がすばやいという意味。「脱兎のごとく逃げ出した」のようにいう。

烏帽子

[えぼし] 神主さんがかぶるような黒い帽子のこと。烏の羽のように黒いことから。昔は貴族や武士がつけていた。

蛇蝎

[だかつ] 蛇とさそりのことで人に嫌がられるものの象徴。「蛇蝎のごとく忌み嫌う」のようにつかう。

猪口

[ちょこ] お酒を飲む杯のこと。もとは朝鮮語で小さい器をあらわす「チョンク」からきている。「猪口」は当て字。

猿股

[さるまた] 男性がはく丈の短い厚手の下履き。猿回しのサルにはかせたことからきた言葉だという。

鵜呑み

［うのみ］鵜が魚を丸呑みするように、人の言葉をそのまま信じること。「新聞記事を鵜呑みにする」のようにいう。

蝶番

［ちょうつがい］開き戸につかう金具。体の関節の意味にもつかう。

狼煙

［のろし］薪《たきぎ》（昔は狼の糞）を燃やしてあげる煙による合図。「改革の狼煙をあげる」などと比喩《ひゆ》的にもつかう。

烏滸がましい

［おこがましい］身のほど知らずで、さしでがましいという意味。「おこがましいようですが」といえば謙遜《けんそん》表現。

螻蛄になる

［おけらになる］すっからかんの無一文になること。虫のケラが前足を広げるようすが、降参しているようだから。

豚児

［とんじ］自分の息子のことをへりくだっていう言葉。愚息《ぐそく》。「豚児をよろしくお願いします」などとつかう。

藪蛇

［やぶへび］藪をつついてヘビを出す＝余計なことをしてひどい目にあうこと。「ここで騒げば藪蛇だ」などという。

鳩首

［きゅうしゅ］集まって相談すること。「鳩首会談がひらかれた」のようにいう。「鳩」はここでは集めるという意。

豹変

［ひょうへん］態度がすっかり変わること。君子が過《あやま》ちを改めるときは豹の模様のように顕著だという故事から。

走狗

［そうく］人の手先。「あいつは権力者の走狗だ」などと悪い意味でつかう。狩猟用の狗《いぬ》からきた言葉。

蛇腹

［じゃばら］ヘビのお腹のような形をしたもの。「アコーディオンの蛇腹」「蛇腹式のカメラ」などとつかう。

鶯嬢

［うぐいすじょう］野球場などで、アナウンスをする女性のこと。ウグイスのきれいな鳴き声にたとえた言葉。

蜻蛉返り

［とんぼがえり］目的地に着いてすぐ引き返すこと。「出張先から蜻蛉返りした」などという。宙返りという意味もある。

五月蝿い

［うるさい］やかましいという意味。五月のハエがうるさいことからきたのか、語源ははっきりしない。

狼藉

［ろうぜき］乱暴なふるまい。もとは乱雑という意で、狼が草を藉《し》いて寝たあとのようすから。

牛車

［ぎっしゃ］平安時代、貴族が乗った牛にひかせた屋根つきの車。「ぎゅうしゃ」とは読まない。

愛猫

［あいびょう］大切にしている猫のこと。山猫、野良猫は「ねこ」と読み、愛猫は「びょう」と読む。

羊歯

［しだ］シダ植物のこと。シダの細かく並んだような葉の様子が、ヒツジの歯に似ていることからこう書くという。

下馬評

［げばひょう］巷《ちまた》の評判のこと。門前の下馬先で主人を待つ者たちが噂しあったことからうまれた言葉。

雁首

［がんくび］頭の俗語。雁首そろえて集まる、などという。もとは雁の首に似た、キセルの火をつける頭部のこと。

鴨居

［かもい］引き戸を立てるため、上に渡した溝のある横木。防火の意味で水鳥の「鴨」にひっかけたという説も。

飛燕

［ひえん］空を飛ぶツバメ。「飛燕のような剣の早わざ」などといい、身をすばやく翻《ひるがえ》すようすにもつかう。

羊羹

［ようかん］小豆や砂糖でつくる和菓子。もとは、中国の羊の羹《あつもの》のこと。

鹿の子絞り

［かのこしぼり］布を粒状に隆起させ、その部分を白く染め出した絞り染め。「鹿」の読み方に注意。

ちょっと読みづらい
今では懐かしいモノたち

卓袱台

［ちゃぶだい］脚のひくい食卓のこと。中国語で食事を意味する「卓袱」という言葉の音が「ちゃぶ」と聞こえたことから。

炬燵

［こたつ］炭火をおく囲炉裏《いろり》に櫓《やぐら》（木の枠）をかけたのがはじまりだという。「炬燵」は当て字。

童歌

［わらべうた］昔から子ども（＝童）のあいだで歌われた歌のこと。「かごめかごめ」や「花いちもんめ」など。

独楽

［こま］軸を中心に回して遊ぶおもちゃ。回る＝人生もうまく回るとかけて縁起物《えんぎもの》になった。

双六

［すごろく］サイコロをふり、ゴールにコマを早く進めることを競う遊び。

算盤

［そろばん］串に貫《つらぬ》いた珠《たま》を動かして数を数える計算器。中国の読み方が日本風になまって「そろばん」になった。

達磨

［だるま］倒しても起き上がるという意味をもつ開運の縁起物。禅宗の初祖、達磨大師の座禅姿に似せたという。

石鹸玉

［しゃぼんだま］ストローなど管の先に石鹸水をつけて泡をとばす遊び。「しゃぼん」はポルトガル語で石鹸の意。

蠟燭

［ろうそく］蠟の「燭《しょく》（＝ともし火）」という意味で、明かりを灯すもの。ろうそくを立てる台は燭台《しょくだい》という。

三和土

［たたき］昔の日本家屋でいう土間。土と石灰、石の三種を混ぜたものを土間にぬって叩き固めることから。

花押

［かおう］日本風のサインのこと。印鑑の代わりとして、昔から書簡などにつかわれてきた。

白粉

［おしろい］お化粧につかう白い粉。いまでいうファンデーションのこと。

袱紗

［ふくさ］小さな絹の風呂敷のこと。茶道具や贈り物をつつんだりする。「ふくしゃ」と間違えやすい。

蚊帳

［かや］寝るとき、蚊を防ぐために吊る覆いのこと。麻や木綿でつくる。

墨汁

［ぼくじゅう］習字でつかう墨をすり出した液体のこと。

作務衣

［さむえ］僧侶が農作業や掃除をするときに着る衣服。「作務＝修行のための労働」のときに着るから。

股引

［ももひき］いわゆるズボン下のことで、ひざ下くらいまであるピタッとした男性の下着。「またひき」ではない。

浴衣

［ゆかた］夏の暑いときに着る、木綿でできたひとえの和服。「よくい」と読むこともあるが、ふつうは「ゆかた」。

反物

［たんもの］おとな一人分の着物をつくるのに必要な分量（＝一反）に仕上げた織物。

衝立

［ついたて］部屋を区切る立て板のこと。たとえばテレビなら、ゲストを観客から隠すためにつかったりする。

杵柄

［きねづか］モチつきでつかう杵の柄のこと。「昔とった杵柄」といえば、腕におぼえがあるという意味。

団扇

［うちわ］あおいで風をおくる道具。「左団扇で暮らす」といえば、余裕のある暮らし向きのこと。

雪駄

［せった］雪のなかで歩きやすいように、竹の皮でできた草履《ぞうり》の裏に、牛の皮を張り、かかとに鉄板をつけた履物。

鼻緒

［はなお］下駄や草履につけて足の指を通すヒモ。昔は鼻緒が切れるとよくないことが起こる、などといった。

地下足袋

［じかたび］大工さんがはくようなゴム底の足袋のこと。直《じか》に土を踏む足袋という意味で、「地下」は当て字。

煙管

［きせる］管の先にきざみタバコをつめ、もう片方から煙を吸う道具。

お櫃

［おひつ］ごはんを入れる桶に似た形の器。名古屋のうなぎ料理「ひつまぶし」は「櫃まぶし」でお櫃に入っている。

朱筆

［しゅひつ］朱色の墨をふくませた筆。「朱筆を入れる」といえば、朱で書き入れ、訂正すること。

行灯

［あんどん］和紙張りの木の枠の中に、油の入った皿を入れて火をともす道具。「行」も「灯」も読み方は中国音。

機織

［はたおり］昔話の「鶴の恩返し」で鶴がつかっているような、機《はた》で布や織物を織ること。「機」の読みに注意。

外套

［がいとう］服の上にはおるコートのこと。「套」にはつつむという意味がある。手套《しゅとう》といえば、手袋のこと。

氷室

［ひむろ］夏用に、冬に凍らせた氷を貯蔵しておくところ。昔は冷凍庫がなく、夏の氷は貴重なものだった。

納屋

［なや］「納」める「小屋」という意味で、農具など物をしまっておくところ。「納」の読み方がポイント。

鍬

［くわ］地ならしや田畑を耕すときにつかう道具。

軒先

［のきさき］屋根の下端。雨宿りができるようなところ。

案山子

［かかし］畑や田んぼに立て農作物を荒らす鳥をおどす藁《わら》人形。もとは「かがし」でくさいニオイを嗅《か》がせたという。

和尚

［おしょう］寺の住職。とくに禅宗での読み方で、宗派によっては「わじょう」と読むこともある。

坊主

［ぼうず］お坊さんの俗っぽいぞんざいな言い方。「おい坊主！」と幼い男の子に親しみをこめてつかうこともある。

袈裟

［けさ］お坊さんの衣装の総称。肩からかける布だけを指すこともある。「坊主憎けりゃ袈裟まで憎い」の袈裟。

衣鉢

［いはつ］教えを授けた証拠に渡す袈裟と鉢《はち》（食器）のこと。「衣鉢を継ぐ」といえば、師匠の教えを受け継ぐ意味。

輪廻転生

［りんねてんしょう］生き物が死に、別のものに生まれ変わり、それをくり返すこと。仏教の主要教義のひとつ。

殺生

［せっしょう］生きているものを殺すこと。「そんな殺生な」というと、それはむごすぎるよ、といった意味。

名刹

［めいさつ］世間に知られた有名な寺（＝刹）。「京都の竜安寺《りょうあんじ》といえば石庭で知られる名刹」のようにいう。

功徳

［くどく］先々になってよい結果がもたらされる、よいおこないのこと。「徳」を「どく」と読むのがミソ。

煩悩

［ぼんのう］人を悩ませる欲望。大晦日の除夜《じょや》の鐘は人間の一〇八の煩悩をとりのぞくため、一〇八回鳴らされる。

布施

［ふせ］住職に渡すお金や品物のこと。人に施し与えること。

御神酒

［おみき］神前に供えるお酒のこと。

行脚

［あんぎゃ］僧侶が修行をしつつ諸国をめぐること。「全国の有名なラーメン店を行脚した」などと比喩的にもいう。

妄執

［もうしゅう］執着する心。「死を前にして生への妄執に気づかされる」などという。「もうしつ」ではない。

門跡

［もんぜき］皇族や貴族が出家して住んだ寺院。京都の三千院《さんぜんいん》門跡は、天台宗五門跡のうちのひとつとして有名。

娑婆

［しゃば］人間のすむ苦しみの多い世界。俗に外の自由な世界を指し、「入院が長いと娑婆が恋しい」などという。

今生

［こんじょう］この世。「今生の暇乞《いとまご》いに参りました」といえば、この世に別れを告げにきましたという意味になる。

涅槃

［ねはん］あの世。煩悩のない静寂な場所で、仏教の理想の境地。「涅槃で待つ」と残して命を絶った俳優がいた。

八百万

［やおよろず］数がひじょうに多いこと。「八百万の神々」などという。「はっぴゃくまん」と読むと笑われる。

黄泉

［よみ］死者の霊魂が住む世界。語源は「闇」とも「山」ともいわれる。生き返る意の「よみがえる」の「よみ」。

日本武尊

［やまとたけるのみこと］日本の神話の英雄で、数々の武勇伝がある。「にほんぶそん」ではない。

天照大神

［あまてらすおおみかみ］皇室の祖神で日の神と仰《あお》がれ、伊勢神宮に祀られる。「てんてるだいじん」ではない。

疫病神

［やくびょうがみ］悪い病気を流行《はや》らせる神のこと。「疫病神がきた」と忌み嫌われる人という意味でもつかう。

神主

［かんぬし］神社に仕える職の長のこと。古くは「かむぬし」と呼んでいたものが、いいやすいように変化した。

御利益

［ごりやく］神や仏が人間や動物に与える利益のこと。うっかり「ごりえき」と間違えやすい。

鷲神社

［おおとりじんじゃ］日本武尊を祀った、東京の千束《せんぞく》などにある由緒ある神社。「わしじんじゃ」ではない。

在家

［ざいけ］出家の反対語で、仏門に入らない俗人のこと。

発願

［ほつがん］神仏に祈り願うこと。「発」の読みに注意。

化身

［けしん］神仏が人の姿でこの世にあらわれること。歌舞伎で「化身事」といえば、神の化身が力を発揮する物語。

権化

［ごんげ］本来は、神仏が権《かり》に姿を変えてあらわれること。「悪の権化」という形でつかうことが多い。

手水

［ちょうず］神社に入る前に、手を洗い、口をすすいで清める水。手水があるところが手水舎《ちょうずや》。

祝詞

［のりと］儀式で読み上げられる祝福の言葉。神主が祝詞を奏上《そうじょう》しているときはイスから立つのがお作法。

怨霊

［おんりょう］怨みをいだいて人に祟《たた》る霊。「霊」は生霊《いきりょう》、死霊《しりょう》など、熟語では「りょう」と読むことが多い。

言霊

［ことだま］言葉に宿ると信じられている霊力。「言霊の幸《さきわ》う国」といえば、日本のことをさしている。

合掌

［がっしょう］神仏に祈るときに掌《てのひら》を合わせること。白川郷《しらかわごう》の合掌づくりは、屋根が合掌の形に似ていることから。

祟る

［たたる］怨霊や物《もの》の怪《け》などが、病気や天変地異など不幸な出来事を人にもたらすこと。「崇《あが》める」と字が似ているので注意。

虚無僧

［こむそう］有髪の頭に深編み笠をかぶり、尺八を吹いて諸国を回り歩いて修行する僧。

慣用句に登場する読めそうで読めない字

螺子を巻く

［ねじ］だらけた態度をきちんとさせること。「螺」にネという音はなく、ネジに螺旋状《らせんじょう》のミゾがあることからきた当て字。

箍をはずす

［たが］興に入って、羽目をはずし大騒ぎになる様子。「箍」は、桶《おけ》や樽《たる》などにはめ、外側を締めかためる輪。

頭をめぐらす

［こうべ］後ろを振り向く、もしくは昔を思い出すこと。コウベの読みは、「上辺＝カミへ」が変化したもの。

掌にする

［たなごころ］掌は手のひらのことで、思いのままにすること。テノヒラにするなどと誤読しないように。

黒白を争う

［こくびゃく］クロシロではなくコクビャク。事の是非をはっきりさせるという意味。

臍をかむ

［ほぞ］後悔してくやしく思うこと。「臍」はヘソのことで、「臍を曲げる」という慣用句ではヘソと読む。

鎬をけずる

［しのぎ］はげしく争うこと。「鎬」は、刀の刃と峰のあいだの盛り上がっている部分。

正鵠を射る

［せいこく］「正鵠」は、的の中央の黒ほしのこと。物事の核心をつくという意。「鵠」は偏《へん》の「告」を音にしてコク。

刃に掛かる

［やいば］刃物を使って殺されるという意味。刃は、刃物のことで、「焼刃」＝ヤキバが変化したもの。

紺屋の白袴

［こうやのしろばかま］人のことで忙しく、自分のことをする暇がないことのたとえ。コンヤと読んでも間違いではない。

御託を並べる

［ごたく］くどくどと勝手な言い分を並べ立てること。「御託」は、「御託宣」の「宣」が抜け落ちたもの。

驥尾に付す

［きびにふす］「驥尾」は駿馬《しゅんめ》の尾のことで、後進の者が優れた先達に見習って、ことを成し遂げるという意味。

世故に長ける

［せこにたける］世渡り上手。この「世」は音読みにしてセ。

篩にかける

［ふるい］たくさんの中から、いいものだけを選び出すこと。

糟粕をなめる

［そうはく］糟粕は酒のカス、つまり精神の抜けたもののたとえで、先人を真似るだけで進歩が見られないさま。

裃を脱ぐ

［かみしも］裃は、江戸時代の武士の礼装で、それを脱ぐことから気楽にうちとける意。「上下」と書くことも。

雑魚の魚交じり

［ざこのととまじり］大物の中に不相応な小物が入っていることをたとえたもの。二つ目に出てくる「魚」の読みがポイント。

口吻をもらす

［こうふん］「吻」はくちぶりの意で、言葉のはしばしに心の内が出ること。「接吻」は「セップン」と読む。

発破をかける

［はっぱ］ちょっと強い言葉で励ましたり、煽《あお》り立てること。「発破」は、鉱山を爆破するときなどにつかう火薬。

咽喉を扼する

［いんこう］重要な点をおさえること。「咽喉」は、ノドの意が転じて重要な通路、「扼《やく》する」は押えるという意味。

病膏肓に入る

［やまいこうこう］物事に熱中して手がつけられないほどになること。「膏」は心臓の下、「肓」は横隔膜の上を指す。「こうもう」ではない。

大鉈を振るう

［おおなた］状況を大きく変えるような思いきった処理をすること。「鉈」は、薪を切るときなどにつかう刃物。

灰燼に帰する

［かいじん］すべてが失われること。「燼」は焼けたあとの燃えカス。「空襲で首都は灰燼に帰《き》した」などとつかう。

笈を負う

［きゅう］笈は竹で編んだ箱のことで、故郷を離れて遊学するという意味。タケカンムリの下の「及」を音に。

大尽風をふかせる

［だいじんかぜ］「大尽」は財産を多くもつ富豪のことで、そういう素振りを見せる意。

奇貨居くべし

［きかおくべし］めったにない機会だから、うまく利用しなければならないという意味。「居」の読み方に注意。

嚢中の物

［のうちゅう］簡単にできることのたとえ。「嚢」は袋の意味で、袋の中を探すようにたやすいという意味。

塗炭の苦しみ

［とたん］ひじょうに苦痛な境遇のたとえ。「塗炭」は泥と火の意で、泥にまみれて火に焼かれるようなという意味。

鬼の霍乱

［かくらん］ふだんは病気などしたことない人が、珍しく病気になることのたとえ。強い鬼が暑気あたり（＝霍乱）になる意から。

蟷螂の斧

［とうろう］自分の弱い力をかえりみずに、強い相手に立ち向かうこと。蟷螂を訓読みすればカマキリに。

汗顔の至り

［かんがん］ひじょうに恥ずかしく感じること。「汗顔」は恥ずかしくて顔に汗をかくという意味。

身から出た錆

［さび］このサビは悪い結果という意で、つまり自業自得ということ。「錆」は「銹」とも書く。

齟齬をきたす

［そご］行き違いになること。「齟齬」は食い違いという意味。

楔を差す

［くさび］念を押すこと。

子は鎹

［かすがい］子供は、夫婦の仲をつなぐ鎹のような存在だという言葉。「鎹」は、木材同士をつなぐコの字形の釘。

毒気を抜かれる

［どっき］毒気は毒になる成分、または毒を含んだ気のこと。気負った気持ちがそがれ、おとなしくなるという意。

口耳の学

［こうじのがく］受け売りの知識。「口耳」は、わずかな距離の意で、聞いたばかりのことをすぐ口にすることから。

徒の悋気

［あだのりんき］無駄（徒）な嫉妬（悋気）という意味で、自分とは関係ない人の恋をねたむ意。

城府を設けず

［じょうふ］人に対して分け隔《へだ》てなく接すること。「城府」は昔の中国で都のまわりにあった城壁のこと。

鳴りを潜める

［なり］表立った行動をやめること。よく知られた慣用句だが、「鳴り」と書くことはあまり知られていないかも。

孔子の倒れ

［くじのたおれ］孔子《こうし》のような聖人君子でも、失敗することがあるという意。「孔子」をクジと読むのがポイント。

顰に倣う

［ひそみにならう］人の真似をすることを謙遜《けんそん》していう言葉。

4

▼身近な言葉に頭をかかえる――

よく口にするのに読めない漢字

解決の緒

［いとぐち］手がかりという意味。「緒」は、端緒《たんしょ》、緒戦などとつかうように、物事のはじめの意味がある。「糸口」と書くことも。

不逞の族

［ふていのやから］連中、よくない集まり。ヤカラは「族」の訓読み。「輩」とも書く。

餞

［はなむけ］別れのしるしとして贈る品物や金銭など。「餞別《せんべつ》」の「餞」。「餞の言葉」などとつかう。

動もすると

［ややもすると］どうかすると、そうなりがちだという意味で「夏は、動もすると寝不足になりがちだ」などとつかう。

覿面

［てきめん］「効果覿面」のテキメンで、結果がすぐにあらわれること。「覿」は会うという意味で、目《ま》の当たりにすることから。

吝かでない

［やぶさかでない］惜しんだり、ケチなことをあらわす「吝」を否定しているので、引き受けるという意味に。

疎覚え

［うろおぼえ］確かでない記憶。「疎」は、過疎《かそ》や空疎《くうそ》でおなじみの漢字。意味は「まばら」。ウロと読むのは特例だ。

恙無い

［つつがない］何事もなく無事なさま。「恙無くお過ごしですか」のようにいう。「恙」は病気や災難のこと。

態とらしい

［わざとらしい］いかにも不自然な様子。「態と」も「態とぶ」も「態とめく」も、みんな読みはワザ。

耳に胼胝ができる

［たこ］同じ話を何度も聞かされることのたとえ。「胼胝」は皮膚が硬くなった部分で、この二文字でタコと読む。

先鞭をつける

［せんべん］中国の故事で人より先に着手するという意味。「鞭」を旁《つくり》の「便」につられてビンと誤読しないように。

盥回し

［たらいまわし］物事を無責任に送りまわすこと。「役所の窓口を盥回しにされた」などという。

有耶無耶

［うやむや］あいまいなこと。「耶」は疑問を投げかけたり、問いかけたりするときにつかう。読みは「カ」、「ヤ」。

拠無い

［よんどころない］仕方がない。「拠無い事情で欠席した」などとつかう。「拠」はヨリドコロの読みが変化したもの。

梃子摺る

［てこずる］もてあますこと。「梃子」は物を動かすときにつかう棒。「摺る」は当て字。

迸り

［とばっちり］まきぞえ。もとは「トバシり」と読んで水しぶきの意。そこから、そばにいて水しぶきを受ける＝まきぞえを食うという意味になった。

恥曝し

［はじさらし］恥をさらけ出すこと。「恥晒し」とも書く。

彼方此方

［あちこち］ほうぼう。「彼方此方で紛争が起きる」のようにいう。

胸の痞

［つかえ］病気や精神的な悩みのために胸がつまって苦しいこと。ヤマイダレに「否」と書くことから、ニュアンスはなんとなく伝わってくる。

余所見

［よそみ］別のところを見ること。「所」をショでなくソと読むのがポイント。「余所」は「他所」とも書く。

現を抜かす

［うつつ］夢中になってのめりこむこと。「女遊びに現を抜かす」のようにいう。ウツツは「現」の訓読み。

竹篦返し

［しっぺがえし］仕返しのこと。本来はシッペイガエシ。「篦」は竹や木を平たく削ったヘラのこと。

宜なるかな

［むべなるかな］もっともだという意。「宜」の訓読みで、もとはウベ。なるほどと肯定するときにつかう文語表現。

齷齪

［あくせく］こせこせとせわしなく事を行なうさま。旁の「屋」と「足」から、読み方はなんとか推測できそう。

件の

［くだんの］まえに話した例の。「件のお話ですが」などという。もとはクダリと読んでいたものが変化した。

雑沓

［ざっとう］大人数で込み合う人ごみ。「沓」は重なるという意味。いまは「雑踏」と書くほうが普通。

堰を切ったよう

［せき］こらえていたものが一度に動き出すさま。「堰」は水位調整のために設けられる仕切り。

束の間

［つかのま］少しのあいだ。「束の間の休息」などという。「束」は、指四本の幅くらいの長さのこと。

唾棄

［だき］唾《つば》を吐き棄《す》てるように、忌《い》み嫌うこと。「唾」はダと読むのが普通で、「固唾《かたず》」のズのほうが例外。

大童

［おおわらわ］なりふりかまわず努力するさま。もとは、武士が戦場で髪を振り乱して戦う様子を指した言葉。

親許

［おやもと］親が住む実家。この場合の「許」は、そのあたりとか影響が及ぶ範囲という意。「親元」とも書く。

片言交じり

［かたことまじり］たどたどしい言葉で話すこと。「片言」はヘンゲンとも読むが、「ヘンゲンマじり」とは読まない。

等閑

［なおざり］いい加減にほったらかすさま。「家族を等閑にする」などという。「閑」は注意を払わないという意味。

髣髴

［ほうふつ］ありありと思い浮かぶさま。「髣」は下部が「方」なのでホウ、「髴」は「弗」を音にしてフツと読む。

鐚一文

［びたいちもん］わずかな金。「鐚一文やらない」などという。「鐚」は鐚銭《びたせん》（昔流通していた粗悪なゼニ）のこと。

撮み食い

［つまみぐい］盗みぐい。箸をつかわずに、指でつまんで食べることから。洗濯の「撮み洗い」もこの字。

和物

［あえもの］野菜や魚介類などを、味噌や酢のような調味料であえたもの。「わもの」と読むと、日本製品のこと。

俎板

［まないた］食材を切るときにつかう板。「俎」の一字だけでもマナイタと読む。「俎」は「俎上《そじょう》に載せる」など、ソ（音読み）のほうがなじみ深いかも。

塵箱

［ごみばこ］ゴミを入れる箱。「塵」は一字でチリとも読むので、チリバコでも間違いではない。「芥箱」とも書く。

禿びる

［ちびる］先がすりへること。「禿びた鉛筆」などとつかう。なお、「禿げる」と仮名をおくると「ハげる」と読む。

新湯

［さらゆ］わかしたばかりの風呂の湯。「更湯」とも書くが、「新湯」のほうが意味はわかりやすそう。

湯中り

［ゆあたり］風呂に入りすぎて気分が悪くなること。「中り」は中毒の意味で、「フグにあたる」というときもこの漢字をつかう。

手拭い

［てぬぐい］手や顔をぬぐう布。「手拭」に「き」を送れば「テフき」と読む。また、「乾拭き」なら「カラブき」と濁《にご》って読む。

日向ぼっこ

［ひなたぼっこ］日の当たる所であたたまること。「日向」は、ヒムカイともヒュウガとも読むが、ここではヒナタ。

塒

［ねぐら］寝る場所。「塒」にはジ、シという音読みもあるが、一般的には訓読みでネグラ。

箒

［ほうき］ゴミを掃《は》く掃除用具。「箒」のタケカンムリをとって「帚」だけでもホウキ。もとはハハキといっていた。

黴

［かび］腐った物の表面に出る、いわゆるカビ。漢字の真ん中にそっと見える「黒」が雰囲気を醸《かも》し出している?!

溝川

［どぶがわ］汚水が流れるドブのような川。ミゾガワと読むと、水がいつも流れている溝という意味になる。

庇

［ひさし］窓などの上にある、日や雨を防ぐ小屋根。「廂」とも書く。「庇う」と送り仮名をおくると「カバう」と読む。

縮緬雑魚

［ちりめんじゃこ］イワシなどの稚魚《ちぎょ》をゆでて干したもの。「縮」をチリと読むのは例外で、普通はシュク。

掻卵

［かきたま］割りほぐした卵をかき回しながら流し入れたお吸い物。「掻」は「掻き混ぜる」の「掻」。

酒糟

［さけかす］日本酒を醸造《じょうぞう》するときにできる、モロミをしぼったあとに残るカス。カスは「糟」の訓読み。

出涸らし

［でがらし］何度も煎《せん》じた結果、味が薄くなったもの。「涸」は「水が涸れる」などとつかい、湿気がなくなって乾いたイメージ。

御数

［おかず］いわゆるごはんのオカズ。もともとは、宮中の女官たちがつかった女房言葉の一つ。

御強

［おこわ］赤飯のような、もち米の蒸し飯。「ごはんが強い」というと、「コワい」と読み、硬いという意。

啜る

［すする］少しずつ口に吸い込むこと。「啜」の偏《へん》を「糸」にして「綴る」と書くと「ツヅる」と読む。

摩切り一杯

［すりきりいっぱい］粉を容器のふちでならしてぴったりにすること。「摩切り一杯の砂糖」などとつかう。

腹拵え

［はらごしらえ］あとのことに備えて食事をしておくこと。「拵え」はこの場合、十分な態勢を整えるという意味。

茹だる

［ゆだる］湯でしっかり熱すること。「ウだる」と読んで「茹だるような暑さ」とつかうと、体がだるくなるような暑さという意味に。

手摺

［てすり］階段や廊下などのへりに取りつけた横木。つかまって、手で摺《す》ることから。「勾欄」とあてることも。

磨ぎ汁

［とぎじる］米を磨いだときの白くて濁った水のこと。うっかりするとミガキジルなどと誤読しそう。

暗渠

［あんきょ］排水用の覆いをした水路。「渠」は地面を掘って水を流す溝のこと。上部にある「巨」を音にして、読みはキョとなる。

黴菌

［ばいきん］カビや細菌のような有害な微生物。「黴雨《ばいう》」と書けば、カビが生じやすい六～七月の梅雨のことを指す。

穿く

［はく］「ズボンを穿く」というときの「ハく」。「穿」は穴をあける意味で、これは服の中に体を通すイメージ。

釦

［ぼたん］衣服などについているボタン。ポルトガル語の音に、この漢字をあてた。

濯ぐ

［すすぐ］水で洗うこと。洗濯のタク。「洗濯物を濯ぐ」などとつかう。

濾す

［こす］細かい目を通してカスなどをとりわけること。「濾」の音読みはロで、「濾過」でおなじみ。

草毟り

［くさむしり］雑草を毟《むし》ってとること。

野晒し

［のざらし］外で風雨にさらすこと。

砥石

［といし］刃物などを研《と》ぐ石のこと。「砥」を「ト」と読むのは訓読みなので、「石」もセキではなくイシと読む。

歯垢

［しこう］歯にたまる食べカス。「垢」はクとも音読みするが、この場合はコウ。「手垢」は訓読みにしてテアカ。

什器

［じゅうき］日常でつかう家具や道具のこと。「什」はニンベンの隣にある旁《つくり》「十」を音にしてジュウと読む。

絨毯

［じゅうたん］毛織物のカーペット。「絨」は旁の「戎」の音読みでジュウ。「毯」は、毛で織った敷物の意で、読みはタンとなる。

梁

［はり］屋根や柱を固定するために水平に渡す木材。「梁」は、棟梁《とうりょう》、跳梁《ちょうりょう》のリョウのほうが身近かも。

襖

［ふすま］木で骨を組み、紙などを貼った襖障子のこと。読み方は「臥《ふ》す間」という意味からきた。

樋

［とい］雨水を屋根から地上に流すための筒状のもの。木偏《へん》に旁の「通」から、どんなものか想像はつきそう。

剃刀

［かみそり］ひげを剃《そ》るときに使う刃物。当て字なので、「剃」をカミ、「刀」をソリと読むわけではない。

頻りに

［しきりに］くり返し、よくという意。頻出《ひんしゅつ》や頻度《ひんど》のヒン。「頻りに貧乏ゆすりをする」などとつかう。

頓に

［とみに］ひどく、一段と、という意味。「最近、頓に視力が落ちた」などとつかう。

一場の

［いちじょうの］その場だけ、少しのあいだ。「栄華は一場の夢」などという。この場合の「一」は、一抹《いちまつ》や一瞥《いちべつ》などと同じ、わずかの意。

偏に

［ひとえに］もっぱら。まったく。「偏にみなさまのおかげです」などという。「偏る」と書けば「カタヨる」と読む。

遍く

［あまねく］広くゆきわたって。「遍く知れ渡る」のようにいう。「普遍」の「普」をつかって「普く」とも書く。

時偶

［ときたま］時として、たまに。「偶」一字を訓読みすれば「タマさか」で、めったになくてたまたまという意味。

幾何もない

［いくばくもない］「余命幾何もない」などとつかって、間がないという意。「何」は熟語になると、さまざまな読み方をする。

詳らか

［つまびらか］細かい点まではっきりしているさま。「真相を詳らかにする」などという。

箆棒

［べらぼう］信じがたいくらいはなはだしいさま。「箆棒な話」などとつかう。箆と棒は当て字で意味はなし。

幽かに

［かすかに］ぼんやりと見えるさま。「幽かな光」などという。同じ読みでも「微かに」と書くほうが、使用範囲が広い。

一切合切

［いっさいがっさい］残らずすべて。「一切」も「合切」も「なにもかも」という意。「一切合財」と書くことも。

些事

［さじ］とるにたらないこと。「些事にこだわる」のようにいう。「些」は訓読みでは「イササか」と読み、少しの意。

鰻登り

［うなぎのぼり］物価や人の価値などが、ウナギが水中で垂直にのぼるように上昇すること。「鰻」は素直に訓読み。

頗る付き

［すこぶるつき］甚《はなは》だという意味の「頗る」が付くくらい＝飛び抜けていること。「頗る付きの美人」のようにいう。

一縷

［いちる］「縷」は細い糸の意で、わずかにつながっている様子をいう言葉。「一縷の望み」などとつかう。旁の「婁」を音にして、ルと読む。

希

［まれ］めったになくて珍しいこと。「希」にノギヘンをつけた「稀」もマレと読む。

数多

［あまた］たくさんという意。「引く手数多」などという。「数」をアマと読むのは、この熟語くらい。

万

［よろず］「万、承《うけたまわ》ります」などとつかい、何でもすべて、という意。「万《よろず》屋《や》」といえば「何でも屋」のこと。

幾重にも

［いくえにも］幾度も重ねて＝しきりに。「幾重にも連なる」などという。「重」をエと読むときは、重量ではなく、重なりを意味する。

夥しい

［おびただしい］ひじょうに多いこと。

疎ら

［まばら］間隔があきすぎて密でないこと。

俄然

［がぜん］突然だしぬけに。「俄」の訓読みは「ニワか」だが、この場合は旁の「我」をそのまま音にしてガと読む。

云々

［うんぬん］「結果を云々する」などと、一言では言い切れないことや文章を省略する時につかう。ウンウンが変化した。

暫く振り

［しばらくぶり］久しぶりに。「暫」の音読みは「暫時《ざんじ》」のザン。ゼンと誤読しやすいので要注意。

焦眉

［しょうび］火が眉《まゆ》を焦がしてしまうほど、切迫しているさま。「眉」の読みがポイント。「眉間」なら「ビケン」ではなく、「ミケン」。

滔々と

［とうとうと］水が勢いよく流れるさま。「滔々とまくしたてる」のように、論じ方がよどみない様子もあらわす。

畢竟

［ひっきょう］「畢竟、あとは君の判断だ」などとつかい、結局という意味。「畢」も「竟」も、意味は「終わる」。

済し崩しに

［なしくずしに］「済し崩しに既成事実化する」というように、物事が少しずつ済まされていくという意味。

一毫の

［いちごうの］「毫」は毛のことで「一毫」は一本の毛、つまり、ほんのわずかという意味。「一毫のゆるぎもない」などと否定文でよくつかう。

間遠

［まどお］時間的、空間的に間隔が大きいさま。「行き来が間遠になる」などという。マエンと誤読しないように。

殊更

［ことさら］必要以上にはなはだしくするさま。「殊更、機嫌がいい」といえば、「特別」、「殊更、文句をいう」なら、「わざと」という意。

一掬

［いっきく］「一掬の涙」などとつかうように、わずかなという意味。「掬」は「両手ですくう」という意味。

僅差

［きんさ］読んで字のごとく、僅《わず》かの差。「僅」は、「饉」と同じく旁が「堇」なので、読みも同様にキンとなる。

可也

［かなり］相当に。「可也やばい」などというときのカナリ。

夙に

［つとに］「夙に有名だった」などとつかい、早くからの意。

口遊む

［くちずさむ］歌などを気ままに歌うこと。「遊む」だけで「詩歌などを吟《ぎん》ずる」意があり、古文で見かける。

打ん殴る

［ぶんなぐる］強くなぐりつけること。ブンは「打《ぶ》ち」という語意を強める接頭語が変化した読み方。「打っ倒れる」というときの「ブッ」も同じ。

設える

［しつらえる］美しく整えること。「部屋を和風に設える」などという。似た意味の「設《もう》ける」より趣《おもむき》のある読み方。

後退る

［あとずさる］体を前に向けたまま、後ろにさがること。「退」はシリゾく、ノける、ヒくなど読み方が多様。

漁る

［あさる］探し求めること。「ゴミ箱を漁る」などとつかう。「スナドる」とも読み、これだと漁をするという意味。

漫ろ歩き

［そぞろあるき］目的もなくぶらぶらと歩きまわること。「漫」はこの場合、とりとめがないという意味。

湛える

［たたえる］「笑みを湛える」などというように、いっぱいにする意。サンズイに「甚だしい」で、あふれる感じ。「堪《た》える」と混同しないように。

跪く

［ひざまずく］敬意や屈服などをあらわすときに、両膝を床につけてかがむこと。「膝まずく」と書くのは間違い。

喚く

［わめく］大声でさわぎたてること。「叫く」とも。「喚ぶ」と送り仮名を変えると、「ヨぶ」で「呼ぶ」と同じ意味。

嚏

［くしゃみ］ハックションの、あのくしゃみ。身近な言葉なのに、こんな難しい漢字を書く。

抓る

［つねる］指先で皮膚をつまんでねじること。「夢かと思い、頬を抓った」などとつかう。

打遣る

［うっちゃる］放り出すこと。「仕事を打遣る」といえば、ほったらかしにする意。ウチヤルの読みが変化した。

踵を返す

［きびす］いそいで引き返す意。「母が倒れたと聞き、旅先から踵を返した」などとつかう。「踵」は足のカカトのこと。

足掻く

［あがく］手足をバタバタ動かしてもがくこと。「今さら足掻いても仕方がない」などと比喩的につかう。

立ち竦む

［たちすくむ］立ったまま身動き一つできなくなること。「呆然と立ち竦む」などとつかう。

嘲る

［あざける］バカにして笑いものにしたり、けなしたりすること。ちなみに「嘲笑う」は「アザワラう」で「アザケワラう」ではない。

俯く

［うつむく］頭を垂れて下を向くこと。「俯」の音はフで、全体を上から見るという意味の「俯瞰《ふかん》」でおなじみ。

黙禱

［もくとう］心の中で神仏に祈ること。「禱」は訓読みすると「イノる」で、「祈る」と同じ意味。

躱す

［かわす］身をひらりと返して避けること。「躱」をつかった熟語は見当たらず、使用範囲は狭い。

溝浚い

［どぶさらい］ドブの底にたまった泥をきれいに取り除くこと。「鍋を浚う」なら、中のものをすべて取り去る意。

嚥下

［えんか］物を飲み込んで胃に送りこむこと。エンゲとも読む。「嚥」は飲む意で「咽下」とも書く。

一瞥

［いちべつ］ちらっと目をやることで、「時計を一瞥する」のようにいう。「瞥」はこの音読みのみ。

愚図る

［ぐずる］ダダをこねてぐずぐずいうこと。「愚図」は、動作がのろくて決断力がない人のことだが、漢字は当て字。

炙る

［あぶる］火にあてて軽く焼くこと。「スルメを炙る」などという。「炙」の音読みはシャで、「人口に膾炙《かいしゃ》する」というときの「炙」。

鯱ばる

［しゃちほこばる］緊張して体が硬くなること。城郭《じょうかく》の飾りで見る鯱のように、いかつい構えをすることから。

逸らす

［そらす］狙いをはずす意で「気を逸らす」などとつかう。「御《お》見《み》逸《そ》れいたしました」もこの漢字。

窄める

［すぼめる］「肩を窄める」などとつかい、小さくしぼむ意味。

掬い投げ

［すくいなげ］相手をすくいあげるように投げる相撲の手の一つ。

薙ぎ倒す

［なぎたおす］横向きに払い倒す意。「強風で稲が薙ぎ倒された」などとつかう。

弛める

［ゆるめる］しめつけていたものをゆるくする。「中弛み」と書けば「ナカダルみ」と読み、途中でだらけること。

垣間見る

［かいまみる］すきまからのぞき見ること。「カキマミる」と読んでいたものが変化した。

跨ぐ

［またぐ］両足を開いて、物の上を越えること。「塀を跨ぐ」「線路を跨ぐ」のようにつかう。

捲る

［めくる］「ページを捲る」などとつかい、巻くようにしてとりのけること。「マクる」とも読む。

搗ち合う

［かちあう］「グラスが搗ち合う」といえば、ぶつかるという意で、「祝日と日曜が搗ち合う」なら偶然いっしょになるという意味。

嘯く

［うそぶく］えらそうに大きなことを言うこと。「ラーメン通だと嘯く」などとつかう。とぼけて知らんぷりをする、しらをきる、という意味も。

熱り立つ

［いきりたつ］ひじょうに怒って興奮すること。「熱」の訓読みはほとんどアツで、イキと読むケースは珍しい。

煩い

［うるさい］やかましい。「五月蝿い」の当て字も。「煩わしい」と送り仮名をつけると、「ワズラわしい」と読む。

項垂れる

［うなだれる］気が沈んでうつむくことをいう。項《うなじ》（首のうしろ）が垂れることから。

洒落臭い

［しゃらくさい］きいたふうで生意気だという意。冗談の「洒落」はシャレと読み、「洒落な人」というときはシャラクと読む。

鶏冠にくる

［とさかにくる］ひじょうに頭にくること。「鶏冠」はニワトリの頭についている赤い突起。漢字は当て字。

嫉む

［そねむ］嫉妬《しっと》すること。「成功を嫉む」などという。「嫉妬」の「妬」を使っても「妬《そね》む」と読む。なお、この字には「妬《ねた》む」という読み方も。

押っ魂消る

［おったまげる］ものすごく驚くこと。「押っ」は「押っぱじめる」などというように、勢いよく何かをするさま。

苛々

［いらいら］思うようにいかず腹が立つ様子。「苛」の音読みは、苛烈《かれつ》などでつかうカだが、カカとは読まない。

荒む

［すさむ］細やかさがなくなって荒れること。「生活が荒む」などとつかう。

燥ぐ

［はしゃぐ］うかれてさわぐこと。ただし「桶が燥ぐ」などとつかえば、「乾燥」の「燥」で、乾くという意味に。

時化る

［しける］海が荒れること、なんとなくパッとしないこと。「時化た顔」などとつかう。「時化」と書くのは当て字。

僻む

［ひがむ］ひねくれて考えること。ただし、僻見《へきけん》や僻地《へきち》の「僻」は、ひねくれる意ではなく、偏《かたよ》っている意。

悪怯れる

［わるびれる］卑屈《ひくつ》な感じで未練がましくふるまうこと。「悪怯れたところがない」などと否定的によくつかう。

気圧される

［けおされる］相手の勢いに圧倒されること。「女房の剣幕に気圧される」などとつかう。「圧」の読みがポイント。

萎える

［なえる］気力や体力がなくなり、ぐったりするさま。「萎」の音読みは、萎《い》縮《しゅく》のイ。下部の「委」の音から。

安堵

［あんど］安心すること。垣根（＝堵）の中で安らかにいることから。「堵」をドと濁って読むのがポイント。

気後れ

［きおくれ］ひるむこと。「聴衆を前に気後れする」などとつかう。「後」はノチ、アト、ゴなど読み方が多い文字。

唖然

［あぜん］呆《あき》れてあいた口がふさがらないさま。「唖」は言葉を発することができない状態のこと。

青褪める

［あおざめる］恐怖などで顔色が真っ青になること。「蒼褪める」とも書く。「蒼」は青いという意。

溜息

［ためいき］感心したり失望したときなどにつく息。

悦ばしい

［よろこばしい］気分がよくて楽しい。「喜ばしい」と同じ。

屁っ放り腰

［へっぴりごし］落ち着きや自信のない、不安定な腰つきのこと。「腰」をとって、ヘッピリといえば、つまらない者をののしる語。

鬱積

［うっせき］不満などのはけ口がなく、心にたまること。「鬱」は気がふさぐ意。

厭きる

［あきる］「もうたくさん」と嫌になること。「倦きる」「飽きる」とも書く。「厭」は「イトう」という訓読みもあり、これは避ける意。

小癪な

［こしゃくな］こざかしくて生意気な。「小」は、小役人、小利口《こりこう》など、あなどったニュアンスでつかわれることも。

篤志

［とくし］慈善《じぜん》事業などを熱心にする気持ち。この「篤」は誠意があって手厚い意。「危篤」の「篤」は病が重いこと。

腹癒せ

［はらいせ］怒りなどを他に向け、すっきりすること。「腹癒せに皿を割る」などとつかう。「癒」は解消する意。

挙措

［きょそ］立ち居ふるまい。「措」を「借」と見間違えたりすると、読みも間違ってしまいそう。

億劫

［おっくう］めんどうで気が進まないこと。もとは仏教用語で永遠という意味。それくらい時間がかかってやりきれないという意から。

憐憫

［れんびん］憐《あわ》れんで情けをかけること。「憐」の旁「粦」がつく漢字は、リンと読むことが多いが、「憐」はレン。

虚ろ

［うつろ］気が抜けてぼんやりしているさま。「虚ろな目」などという。からっぽというときのウツロは「空ろ」。

投げ遣り

［なげやり］どうなってもいいやと無責任に放り出すさま。

諦念

［ていねん］あきらめの気持ち。

眼福

［がんぷく］眼の幸福、つまり目の保養という意味。「眼福にあずかる」などとつかう。

御冠

［おかんむり］機嫌が悪い様子。「社長がえらく御冠だぞ」などとつかう。「冠を曲げる」という成句からきた言葉。

多幸

［たこう］漢字のとおり、幸せがたくさんあること。「皆様のご多幸をお祈りいたします」というのが決まり文句。

怨緒

［えんしょ］人をうらむ心。「緒」の読みは、一緒、緒戦のようにショが基本。

慷慨

［こうがい］ひじょうに怒って嘆くこと。「慷慨に堪《た》えない」のようにいう。「慷」も「慨」も、いきどおる意。

疚しい

［やましい］うしろめたい気持ち。もとは「病む」が形容詞化した言葉。

憚る

［はばかる］気がねして遠慮すること。「人目を憚る」などという。「憚り」といえば、昔の言葉でトイレのこと。

羞悪

［しゅうお］自分や他人の悪と欠点を恥じて、憎むこと。「羞悪の心」などとつかう。「悪」の読みはアクでなく、憎悪《ぞうお》、嫌悪《けんお》と同じオ。

気不味い

［きまずい］打ち解けられなくて気詰まりな様子。「気不味い雰囲気が流れた」などとつかう。

濁声

［だみごえ］濁った感じの声。「濁」の音は、濁音《だくおん》、清濁《せいだく》などダクが基本で、ダミは例外。「訛声」とも書く。

言伝

［ことづて］「言伝を頼まれた」などとつかい、伝言《でんごん》のこと。「伝言」は音読み、逆さまにして「言伝」になると訓読み。

譬え

［たとえ］他のことになぞらえていうこと。「比喩」の「喩」をつかって「喩え」とも書く。なお、「比喩」は「譬喩」とも書く。

口籠る

［くちごもる］口の中に言葉がこもり、うまく言えないこと。「相手の勢いに押され口籠る」などという。

礑と

［はたと］「礑と思い当たった」などといい、状況などが急に変化する様子。「礑」の音はトウで、「ハタ」は訓読み。

放く

［こく］「ウソを放きやがって！」などというときの「コく」で、物を言うことを卑《いや》しめていう語。

戯け者

［たわけもの］ばか者のこと。「戯言」と書けば、ギゲンではなくてタワゴト、あるいはザレゴト。戯作はゲサク。

暈す

［ぼかす］「言いたいことを暈す」などとつかい、表現をあいまいにしてぼやかすという意味。

捲し立てる

［まくしたてる］勢いよくたてつづけに言うこと。「勝手に捲し立てる」のようにつかう。

如何わしい

［いかがわしい］怪しげで信用できない様子。「如何わしい話」「如何わしい自称教祖」などとつかう。

諄々と

［くどくどと］話などが長々しい様子。「クドい」と読む「諄」をつかったもの。

謂れ

［いわれ］「これには深い謂れがあり」などとつかい、昔から伝わっていわれていること。「謂《い》」の訓読み。

捌けた

［さばけた］世間慣れしてものわかりがいいさま。「捌けた性格」のようにいう。また、「売り捌く」のようにもつかう。

啖呵

［たんか］「啖呵をきる」などとつかい、べらんめえ調で勢いよくまくしたてること。もとは「弾呵」であったという説もある。

饒舌

［じょうぜつ］ひじょうに多弁なこと。「饒舌な文体」などとつかう。「饒」は豊か、「舌」はしゃべること。

喝破

［かっぱ］人の誤りを正し、真実はこうだと言うこと。「本質を喝破する」などとつかう。「喝」は大声を出す意。

口巧者

［くちごうしゃ］口がうまい人。「彼は口巧者だ」などという。「口巧」をクチゴウと湯桶《ゆとう》読みにするのがポイント。

口重

［くちおも］「口重な性格」などとつかい、軽々しくものを言わない意。その反対が「口軽」でクチガル。これも訓読み。

上擦る

［うわずる］「上擦った声」などといい、気持ちがうわついていて声の調子が高くなること。この「擦」はズと濁る。

呂律

［ろれつ］「呂律が回らない」のロレツで、言葉の調子。「律」にリチ、リツの音はあるがレツはなく、読みは特例。

峻拒

［しゅんきょ］きっぱりと拒《こば》むこと。「便宜の申し出を峻拒した」などとつかう。「峻」は峻烈《しゅんれつ》のシュンで厳しい意。

慎ましい

［つつましい］ひかえめである。遠慮するという意の「ツツシむ」が形容詞化して「ツツましい」となった。

捏ち上げ

［でっちあげ］捏造《ねつぞう》のネツで、ないものをあるように作り上げること。

訛る

［なまる］その地方独特の発音や言い方になること。

空音

［そらね］ウソのこと。「空音を吐く」などとつかう。ソラネと訓読みするのがポイント。

帳尻

［ちょうじり］「帳尻を合わせる」などとつかい、話のつじつまを合わせること。「帳」は音読み、「尻」は訓読み。

仄めかす

［ほのめかす］「関係を仄めかす」のようにいい、それとなく匂わすということ。

諷意

［ふうい］「諷」は諷刺のフウで、遠まわしにそれとなくという意味。「諷意」はそういう気持ちのこと。

吹聴

［ふいちょう］広く言いふらすこと。「吹」の訓読みは、フやフキで、フイと変化した読みの熟語は少ない。

鸚鵡返し

［おうむがえし］人から言われたことを、まったく同じように返すこと。「鸚鵡」の読みは難しく思えるが、偏《へん》に注目すればうまく読めそう。

獅子吼する

［ししく］熱弁をふるうこと。獅子のように吼《ほ》えることから。「吼」の読み方がポイント。

顕彰

［けんしょう］どちらの漢字もあきらかという意で、功績などを広く知らせて表彰すること。

高話

［こうわ］他人の話を敬っていった言葉で、「ご高話を拝聴します」などとつかう。

茶話

［さわ］茶を飲みながらする、いわゆる茶飲み話。読みはチャワでもOKで、こちらは滑稽《こっけい》な軽い話という意味も。

撞着

［どうちゃく］前後が食い違って矛盾《むじゅん》すること。「自家撞着に陥《おちい》る」などとつかう。「撞」は突き当たる意。

透徹

［とうてつ］透きとおっていて濁りがないこと。「透徹した論理」といえば、はっきりあきらかな論理という意。

概括

［がいかつ］「概」はだいたい、「括」はまとめる意で、要点をまとめるという意味になる。

讖を成す

［しん］事実を予言するという意味。「讖」は予言のこと。

鄙語

［ひご］田舎びた言葉のこと。

辻褄

［つじつま］物事の筋道のこと。「辻」は道が合うこと、「褄」は左右が合うという意がある。

矢継ぎ早

［やつぎばや］「矢継ぎ早に質問する」などとつかい、立て続けに物事をすること。矢を続けて射るのが早いことから。

容喙

［ようかい］横から口を出すこと。「喙」はクチバシのことで、クチバシを容《い》れる＝口出しするという意味に。

阿る

［おもねる］相手の機嫌をとりこびへつらうこと。四字熟語の「曲《きょく》学《がく》阿《あ》世《せい》」は、「学問の筋道を曲げてまで、世に阿る」ということ。

貶す

［けなす］人を悪いふうに言うこと。「オトす」という読み方もある。「貶」の音は「毀《き》誉《よ》褒《ほう》貶《へん》」のヘン。

宥める

［なだめる］まあまあ、と機嫌をとること。「部下を宥める」などという。

謙る

［へりくだる］自分を卑《ひ》下《げ》して相手をうやまうこと。「謙遜」の「遜」も「遜る」と書いて「ヘリクダる」と読む。

拗れる

［こじれる］物事がすらすら運ばなくなること。「恋愛関係が拗れる」などとつかう。「拗ねる」と仮名を送ると「スねる」と読む。

諫める

［いさめる］目上の人に対して忠告すること。「老いた父親の深酒を諫める」のようにいう。「禁める」とも書く。

窘める

［たしなめる］相手の行動をいましめること。「失言を窘める」などという。よくつかうが、漢字で書くのは難しい。

煽てる

［おだてる］人に何かをさせようと、ほめて得意にさせること。「煽動《せんどう》する」のセン。「煽る」と書けば「アオる」。

謗る

［そしる］人を非難する意。「誹《ひ》謗《ぼう》中《ちゅう》傷《しょう》」などとつかうように、「誹謗」の「誹」も訓読みすると「ソシる」となる。

言い包める

［いいくるめる］口先だけでまるめこむこと。「包」は普通「ツツむ」と読むが、ここでは「クルむ」。

啀み合う

［いがみあう］敵意をもって争うこと。もとは、獣が互いにかみつこうとすることを指した言葉。

拘る

［かかわる］係わる、関わると同じように、関係するという意。「くだらないことに拘るな」などとつかう。

顔繋ぎ

［かおつなぎ］知り合い関係を保つこと。「顔繋ぎにパーティーに出る」などというときにつかう。

御為倒し

［おためごかし］相手のためになるように見せかけて、自分のいいようにとりはからうこと。「倒」をゴカと読むのは特例。

昔の誼

［よしみ］昔の関係、付き合い。「昔の誼でそこをなんとか」などとつかう。

突慳貪

［つっけんどん］とげとげしく言ったり行動したりする様子。「慳貪」だけでも、愛想がないという意味がある。

忖度する

［そんたくする］相手の心を推《お》し量《はか》ること。「彼の気持ちを忖度するに」などという。「忖」も「度」も、量る意。「すんたく」と読まないように。

其方退け

［そっちのけ］かまわないでほうっておくこと。「勉強其方退けで遊びほうける」などとつかう。

御喋り

［おしゃべり］よくしゃべる人。もしくは雑談のこと。

嘲弄

［ちょうろう］人を嘲り、愚弄《ぐろう》すること。

金蔓

［かねづる］キンマンではなく、どちらも訓読みでカネヅル。お金を得る手がかりや援助してくれる人のこと。「いい金蔓を見つけたぞ」などとつかう。

鬩ぎあう

［せめぎあう］対立して争うこと。「鬩」をつかった熟語は、ありそうでいて見当たらない。

慇懃

［いんぎん］うやうやしくていねいなこと。「慇懃な態度」のようにいう。「慇」はいたむ、「懃」は丁寧の意。

応える

［こたえる］働きかけに反応すること。「声援に打撃で応える」のようにいう。「答える」と書くのは言葉で返事する場合。

閑談

［かんだん］のんびりとムダ話をすること。「閑談に時間を費やす」のようにいう。

蔑ろ

［ないがしろ］人や物を軽んじる様子。「教師を蔑ろにする」などとつかう。「蔑」は、ないも同然という意味。

冒瀆

［ぼうとく］神聖なものをけがすこと。「神を冒瀆する」のようにいう。

委ねる

［ゆだねる］相手にまかせること。「あとは後輩に委ねた」などという。委託、委嘱などでつかう「委」はこの意味。

手懐ける

［てなずける］自分の味方に引き入れるという意味。「部下を手懐ける」のようにいう。

爪弾き

［つまはじき］嫌って、のけものにすること。「爪弾きにされる」などとつかう。「爪」をツメでなくツマと読む言葉は、爪先《つまさき》、爪楊枝《つまようじ》など意外と多い。

仲違い

［なかたがい］人との仲が悪くなること。「違い」をうっかり「チガい」と読まないように。

言い淀む

［いいよどむ］言葉がうまく出てこない様子。「淀む」は、流れている水が滞《とどこお》るという意味。

我儘

［わがまま］自分勝手にすること。「儘」は、そのとおりにまかせる意。意の儘、有りの儘、気儘など。

歪

［いびつ］形がゆがんでいる様子。「歪」の漢字を上下に分けると「不」と「正」。意味が伝わってくるような……。

企む

［たくらむ］悪事を計画すること。悪事だけにつかうのではなく、普通に計画する意もある。

罵る

「ののしる」声高に相手を非難するという意。「罵詈雑言《ばりぞうごん》」でおなじみのバを、訓読みするとこうなる。

堪える

「たえる」あるいは「コタえる」。意味はこらえる、忍ぶ。

嬲る

「なぶる」からかったりしていじめること。

叛く

「そむく」さからうこと。「親の期待に叛く」などとつかう。「叛」の音はハンで、叛意、叛乱などの熟語がある。「謀叛《むほん》」はホンと読む珍しいパターン。

辱め

「はずかしめ」恥をかかせること。「辱めを受ける」のように受け身でつかうことが多い。

仇敵

「きゅうてき」憎く思っている仇。「年来の仇敵」などという。「仇」の訓読みはカタキ、アダ。

蒙昧

「もうまい」知識や学問がなくて道理にうといこと。「昧」の訓読みは「クライ」で、愚かなこと。

5

▼これがわかれば日本語通——

読めたらスゴイ！難読の漢字

麗らか

［うららか］春の日の形容でよくつかい、空がおだやかに晴れ渡っている様子。「麗らかな日差し」などとつかう。

田圃

［たんぼ］水田のこと。漢字は当て字だが、「圃」には菜園や畑の意味がある。デンポと音読みすれば、田畑の意。

繁吹く

［しぶく］水が細かくなって飛び散ること。「波が繁吹く海岸」のようにいう。風や雨が強く吹きつける意味も。

朝未だき

［あさまだき］夜の明けきらないころ、つまり早朝。和歌などでよくつかわれてきた言葉。

暮れ泥む

［くれなずむ］日が暮れそうなのに、なかなか暮れずにいる様子。「泥む」は、滞《とどこお》って進まない意。

枝垂れ桜

［しだれざくら］枝が細く、垂直にたれさがって咲く桜の品種。「垂れ桜」だけでもシダレザクラと読む。

瀞八丁

［とろはっちょう］川の水が深くて流れがゆるやかなところ。「瀞」一文字でも、その意味がある。

木霊する

［こだま］山などで声や音が反響すること。「木」を「木の葉」のようにコと読むのは古い形。「谺」とも書く。

疾風

［はやて］不意にはげしく吹き起こる風。「疾風のように去っていく」などという。四字熟語などでつかうときはシップウと音読みする。

山彦

［やまびこ］山の神。「彦」は男子の美称で、山を擬人化してこういう。山に声が反響するこだまという意味もある。

畦道

［あぜみち］田んぼの間の細い道。「畦」は、字形のとおり、土を盛り上げてつくった田と田の間の境のこと。

梢

［こずえ］木の幹や枝の先のほう。「梢に小鳥がとまっている」のようにいう。「杪」とも書く。

囀る

［さえずる］鳥が鳴き続けること。「囀鳥」は鳥がさえずることで、読みはテンチョウ。

漣

［さざなみ］細かく静かに立つ波。「小波」や「細波」とも書く。

仄か

［ほのか］うっすら。「仄かに香る」のようにいう。

朧夜

［おぼろよ］ぼんやりしたおぼろ月が見える夜。「朧」は、はっきりしないという意で、「朦朧」といえば読みはロウ。

蠢く

［うごめく］はっきりでなく、もぞもぞ動くこと。「毛虫が蠢く」のようにつかう。

銀嶺

［ぎんれい］雪がつもって銀色に輝く山のみね。「銀嶺を仰ぎ見る」などという。「嶺」は、下部が「領」でも、リョウではなくレイと読む。

鳥が棲む

［すむ］巣で生活すること。「住む」は人につかい、「棲む」や「栖む」は動物全般に対してつかう。

麓

［ふもと］山のすそのこと。これは訓読みで、音読みすればロク。下部の「鹿」を音にすれば読みは簡単。

霙

［みぞれ］雨まじりに降る雪。「雨」の下部が「包」だと「雹《ひょう》」で、「散」だと「霰《あられ》」。

澄明な

［ちょうめいな］読んで字のごとく、澄みきって明るいこと。「高原の澄明な空」などという。「とうめい」と誤読しないように。

蕾

［つぼみ］花がひらく前の状態のもの。「莟」とも書く。

楓

［かえで］秋に紅葉する落葉樹。読みは「蛙手《かえるで》」が変化したもの。葉っぱがカエルの手に似ているところから。

凩

［こがらし］秋から初冬にかけて吹く冷たくて強い風。木を吹き枯らすことから「木枯らし」とも書く。

稜線

［りょうせん］山の尾根で、峰から峰へと続いていく線のこと。「稜」には、二つの面が交わる辺という意味がある。

朽葉

［くちば］腐った落ち葉。「朽」は訓読みすると「クちる」。「不朽」や「老朽」の熟語では音読みでキュウ。

叢

［くさむら］草が集まって生えているところ。「叢る」と書くと「ムラガる」と読む。

翠

［みどり］「緑」と同じ意味で、若葉やみどり色を指す言葉。音はスイで、翡翠《ひすい》のスイ。

夕靄

［ゆうもや］夕方の靄。朝に立ち込めるのは朝靄《あさもや》。暮れ方に出るのは暮靄で、この読みはボアイとなる。

真砂

［まさご］細かくて小さい砂のこと。「砂子」と書くとイサゴかスナゴと読んで、これも細かい砂という意味。

萎れる

［しおれる］草木がしぼむこと。「萎える」と送り仮名がつけば「ナえる」。「萎む」なら「シボむ」。音は下部の「委」からイとなる。

凪

［なぎ］「几」の中に「止」と書くように、風がやんで波が静かになること。「和」とも書く。

松柏

［しょうはく］松や柏《かしわ》のように、一年中、緑の葉を保つ様子。「松柏の盆栽」などという。

汐

［しお］海の水。同じ意味で「潮」もシオと読む。

船縁

［ふなべり］漢字のとおり、船のヘリのこと。

昔の人はたいてい読めたであろう言葉

約しい

［つましい］生活ぶりが質素なさま。「約しい暮らし」などという。この「約」はひかえめという意味。

殿

［しんがり］軍隊の最後尾で、追ってくる敵を防ぐ部隊。「殿」はトノ、ドノとも読むが、この意味ではシンガリ。

畏

［かしこ］女性が手紙の最後に書く言葉。「畏《おそ》れおおい」という意味の古語「畏し」の語幹で「あなかしこ」の略。

陸蒸気

［おかじょうき］リクジョウキではなくてオカジョウキ。明治初期の言葉で汽車のこと。陸釣《おかづり》、陸稲《おかぼ》の「陸」はオカと読む。

忝い

［かたじけない］おそれおおくもありがたい、という意味。「忝いお言葉をたまわる」などとつかう。

紙縒

［こより］細い紙によりをかけ、ヒモのようにしたもの。読みは、カミヨリ→コウヨリ→コヨリと変化。

紡ぐ

［つむぐ］マユやワタから繊維を引き出し、よりをかけて糸にすること。

纏う

［まとう］「身に纏う」というように、身につける意。「纏める」なら「意見を纏める」というときの「マトめる」。

膝下

［しっか］ひざもと、もしくは父母のもと。手紙で父母の宛名の左下に書き添えて、敬意をあらわす語としてもつかう。

鄙びる

［ひなびる］田舎びたようす。「鄙びた宿」のようにいう。「鄙」の音は、鄙語《ひご》、野鄙《やひ》などヒが基本。辺鄙《へんぴ》のピは例外。

背嚢

［はいのう］学生や軍人が物を入れて背負う四角いカバン。「嚢」は、氷嚢《ひょうのう》、土嚢《どのう》などとつかうように、ふくろの意。

真秀ろば

［まほろば］優《すぐ》れたよい場所。整っていて完全という意味の「真秀」に、「ろば」という漠然と場所をあらわす接尾語がついたもの。

熾火

［おきび］赤くおこった炭火。「熾」は、盛んではげしいという意味の「熾烈《しれつ》」のシ。火の勢いが強いという意味。

囲炉裏

［いろり］民家の床を四角形に切り抜いてつくった炉のこと。漢字から雰囲気が伝わってくるが、これは当て字。

菅笠

［すげがさ］植物のスゲで編《あ》んだ笠のこと。「菅」と混同されやすい「管」の訓読みは「クダ」。

奉書紙

［ほうしょがみ］きめ細やかな純白の和紙。着物をしまうときなどにつかう。ホウショシと読みそうだが、重箱読みするのが正解。

宿直

［とのい］宮中に宿泊し警護すること。シュクチョクと音読みすれば、勤務先に交代で寝泊まりして夜の番をすることを指す。

諷詠

［ふうえい］「諷」はそらんじる、「詠」は詩歌《しいか》をつくる意味。「諷詠」は、詩歌をつくったり吟《ぎん》ずることになる。

竈

［かまど］火を焚いて鍋などを煮炊きする設備。「カマ」だけでも正解。

厨

［くりや］いまでいうキッチン。「厨」はほかにも「厨房」のチュウや「厨子」のズなど、いろいろな読み方がある。

遊郭

［ゆうかく］遊女が集まっている色里のこと。

茅葺

［かやぶき］茅で葺《ふ》いた（＝つくった）屋根。「茅葺の家」などという。

厠

［かわや］便所のこと。川の上につくった屋の意味だとか。

鋸目

［のこめ］木材を切るのにつかうノコギリ（鋸）の歯。そのとき出るオガクズは「大鋸屑」と書く。

轍

［わだち］道に残った車輪の跡。前の人と同じ失敗をする意の成句「前車の『轍』を踏む」というときの読みはテツ。

蛭

［ひる］ひらべったくて細長く、動物や人の血を吸う生き物。池や渓流《けいりゅう》などに棲んでいる。

鍍金

［めっき］ほかの金属の表面に金などを薄くかぶせること。「トキン」でも間違いではないが「鍍金がはげる」の場合はメッキ。

捧げ銃

［ささげつつ］銃を両手でもって体の中央で垂直に保つ、軍の敬礼の一つ。「銃」をツツと読む珍しい例。

硯箱

［すずりばこ］書道でつかうすずりや筆などを入れておく箱。スズリは「墨磨《すみすり》」が変化した読み。

閂

［かんぬき］門が開かないようにするために、門扉の左右の金具に刺しとおす横木。

褞袍

［どてら］普通の着物より大きく仕立ててワタを入れた冬の部屋着。「褞」も「袍」も、綿入れの意で当て字。

拳固

［げんこ］にぎりこぶしのこと。「拳固をもらう」などという。同じ意味のゲンコツは「拳骨」と書く。

鋤く

［すく］農具で土を掘り返すこと。「田を鋤く」などとつかう。

匍匐

［ほふく］地に伏して手足ではうこと。匍匐前進のホフク。

篝火

［かがりび］夜、まわりを明るくするために焚く火。「篝」は薪《まき》を入れて火を焚くのにつかう鉄製のカゴのこと。

脇息

［きょうそく］座ったときにひじをかけて、体をラクにするひじかけ。脇を休息させることからか。

夜の帳

［とばり］「夜の帳が下りる」のようにいい、夜になったという意。「帳」は室内を隔《へだ》てるのにつかった垂れ衣。

語り種

［かたりぐさ］話題のたね。「種」は物事を起こすもとであり、「お笑いぐさ」もこの字。

藉口

［しゃこう］口実を設けて言い訳すること。この「藉」はかこつける意。「慰藉料」のシャは、いたわる意になる。「しゃっこう」ではない。

無聊

［ぶりょう］暇なこと。「無聊を慰める」などとつかう。「聊」を訓読みすると「イササか」。つまり何もなくてヒマということ。

一席打つ

［いっせきぶつ］「一席」は一回の演説の意で、威勢のいい演説を大勢にすること。強調の「打つ」の読みにも注意。

魁

［さきがけ］物事の先頭になること。「女性議員の魁となる」のようにいう。「首魁《しゅかい》」といえば集団の頭領のこと。

斯界

［しかい］「斯界の権威」などとつかい、この分野の、という意。「斯」は、まさにこの、というニュアンス。「斯道《しどう》」という熟語もよく見る。

十重二十重に

［とえはたえに］何重にも重なっている様子。簡単な漢字が並んでいるわりには、読み方にちょっと迷う漢字。

斜向かい

［はすむかい］斜め方向。「斜向かいの家」のようにいう。読みは特例だが、「斜交《はすか》い」「斜に切る」など、よくつかう。

薹が立つ

［とうがたつ］盛りの時期がすぎること。「薹」は野菜の花茎で、生長しすぎるとかたくて食べられなくなることから。

弥栄を祈る

［いやさか］「ご両家の弥栄をお祈りいたします」などとつかうあいさつの常套句。「弥栄」は、ますます栄える意。

漸を追って

［ぜんをおって］徐々に。「漸を追ってよくなる」などという。「漸」の読みはゼンかザンか間違いやすいので要注意。

鞭撻

［べんたつ］叱咤《しった》激励すること。「ご指導、ご鞭撻ください」などとつかう。もとは鞭《むち》で打って（撻）戒《いまし》める意。

掬すべき

［きくすべき］事情をくみとるべき。「掬す」はすくいとることで、そこから事情を察するという意味になった。

滂沱として

［ぼうだとして］涙が大量に出るさま。どちらの漢字も、旁《つくり》の「旁」と「它」をそれぞれ音にしてこの読みに。

桎梏となる

［しっこく］手かせ（梏）足かせ（桎）となって自由を束縛するという意。「人の情けが桎梏となる」などとつかう。

乃至は

［ないしは］「右、乃至は左」などとつかい、あるいはの意。「乃」の読みは、ノがおなじみだがナイ、ダイの音もある。

端倪すべからず

［たんげい］計《はか》り知ることができないという意味。「端」の意味は始まりで「倪」は果て。初めと終わりがわからないことから。

寵児

［ちょうじ］「寵」は寵愛のチョウで、もとはかわいがられる子供の意。「時代の寵児」といえば、いわゆる時の人。

靡爛

［びらん］「靡」も「爛」も、ただれる意で、乱れているさまをたとえた言葉。「風紀が靡爛している」などとつかう。

廓清

［かくせい］悪いものを取り除いて清めること。「政界を廓清する」などという。「廓」はものの外側の意。

一端の

［いっぱしの］「一端の口をきく」などとつかい、一人前の意。

巨星墜つ

［きょせいおつ］偉大な人の死を星にたとえていう言葉。

紛う方無き

［まごうかたなき］間違える（紛）こともないくらい明らかに。「紛う」は「マガう」が「マゴう」と変化した。

這裏

［しゃり］「這」はこれ、「裏」は内の意で、このなか、この間《かん》の意。「這裏の事情」などとつかう。

生兵法

［なまびょうほう］多少の知識はあるが、未熟なこと。兵法を少しばかり知っているという意味から。「なまへいほう」は誤読。

穿鑿

［せんさく］立ち入って調べること。どちらの漢字も穴をあける意。「詮索」も同じ意味だが「穿鑿」のほうが深そうなニュアンス。

夙志を遂げる

［しゅくしをとげる］つね日ごろから抱いていた思いを実現させること。「夙」は早いという意味。

静謐

［せいひつ］世の中が太平なさま。「静謐の世」などという。「謐」の意も静かで、読みは「必」を見つければＯＫ。

筆を擱く

［おく］書き終えること。終わればペンを「置く」が、この「擱く」は止めるという意味。

長大息をつく

［ちょうたいそく］漢字のあらわすとおり、長くて大きなためいきをつくこと。「大」をダイと濁《にご》らないように。

倨傲

［きょごう］「倨傲な態度」などとつかい、おごりたかぶること。どちらの漢字も、おごる意。

矯めつ眇めつ

［ためつすがめつ］じっと見たり（矯）、目を細くして見たり（眇）、あちこちから、欠点がないかなどをよく見るさま。

開闢以来

［かいびゃくいらい］物事がはじまって以来の。どちらの漢字も開く意。「門」の中の「辟」の音でビャクと読む。

惹起

［じゃっき］事件などを引き起こすこと。「環境問題を惹起する」などとつかう。

収斂

［しゅうれん］集めて（斂）収まる、つまり一つにまとまって収束するという意。

読み方もどこか奥ゆかしい品のいい表現

噤む

［つぐむ］口を閉じてしゃべらないこと。口偏《へん》に「禁」と書く漢字から、読みは想像できなくもないはず。

傅く

［かしずく］ある人に仕えて大切にお世話すること。「王に傅く」などというときの「カシズく」。

弁える

［わきまえる］ものの分別があること。「立場を弁える」などとつかう。

笑覧

［しょうらん］自分がつくったものを人に見せるとき、「御笑覧ください」のようにいう。どうぞ笑って御覧くださいとへりくだるニュアンス。

如何いたしまして

［どういたしまして］お礼やお詫びの言葉に対する返礼。「如何」だけならイカガと読むが、この場合はドウと読む。

身の熟し

［みのこなし］立ち居振る舞いのこと。頭ごなし、着こなし、というときのゴナ、コナも「熟」と書く。

心許り

［こころばかり］ほんの気持ちという意味で、「心許りの品ですが」などと言って人に物を渡したりする。

三十一文字

［みそひともじ］短歌のこと。五七五七七を全部足せば三十一文字になるところから。「十」の読みがミソ。

蕪辞

［ぶじ］「蕪辞を連ねまして」などとつかい、自分の文章や言葉をへりくだって言った語。「蕪」は荒れるという意。

御足

［おあし］お金のことで昔の女房言葉。「足が出る」など慣用句でつかう他は、「御」をつけないとお金の意にならない。

不肖

［ふしょう］父や師に似ていなくて愚か、という意。「不肖の弟子」、「不肖ながら」などと謙遜してつかう言葉。

韜晦

［とうかい］自分の才能や本心を隠すこと。「自己を韜晦する」のようにいう。「韜」はつつむ、「晦」はくらます意。

拝辞

［はいじ］辞退することの謙譲語。「拝辞いたします」のようにいう。「拝」は拝見、拝借などと同じ謙譲の意味。

粗肴

［そこう］人に酒の肴をすすめるときの謙譲語。

諾う

［うべなう］「承諾」のダクで、聞き入れる意。

般若湯

［はんにゃとう］僧侶の隠語でお酒。「若」の音がニャとなる語は、ほとんど仏教に関係する。ジャク、ニャクが普通。

高誼

［こうぎ］親しいまじわり（誼）のこと。「ご高誼をたまわり」と、交際、友情に対して相手を敬ってつかう。

薨去

［こうきょ］皇族や三位以上の人が亡くなること。「薨」は「みまかる」という意。「薨ずる」と書いても読みはコウ。

御居処

［おいど］昔、女性がつかった言葉でお尻の意。「処」は止め処《ど》もない、目処《めど》などドと読むことがけっこうある。

叩頭

［こうとう］頭で地を叩くほど、深々とおじぎをすること。「叩」の音は、偏の「口」を読んでコウ。

東司

［とうす］禅寺でいうトイレ。「司」をスと読むのは、身分の低い人を指す「下司《げす》」と、この熟語くらい。

溽暑

［じょくしょ］蒸し暑い意で、陰暦六月の異称でもある。「溽」は旁《つくり》に「辱」がきているので、音はジョク。

咫尺

［しせき］どちらも長さをあらわす語で、ごく近い距離の意。「咫」は旁の「只」を音にしてシ。「尺」の読みもここではシャクでなくセキ。

茅屋

［ぼうおく］かやぶきの家のこと。あばらや＝自宅の謙称の意もある。カヤヤと読めば、かやぶきの屋根。

ご新造

［ごしんぞう］他人の妻を敬まった言い方。「ご新造さまにおきましては」と、さらに「様」をつけてつかうことも。

刀自

［とじ］年配の女性の昔の敬称。「母刀自《はは》」、「家刀自（主婦のこと）」などとつかった。漢字は当て字。

倅

［せがれ］自分の息子をへりくだって言った語。「倅」は「倅」の異字体。どちらも、見かけるのはこの読みくらい。

迂生

［うせい］「迂」はうとい、「生」は男性の謙称をあらわす語で、自分をへりくだって言う言葉。「小生」と同じ意。

散華

［さんげ］華と散る＝死ぬことを美化した言い方。戦死する意でつかわれることも。「華」はこの場合、カではなくゲ。

下賜

［かし］身分の高い人が下の人に「下《くだ》し賜《たまわ》る」という意味。「陛下より下賜された勲章」などとつかう。

寛恕

［かんじょ］過失などをとがめず寛《ひろ》い心でゆるす（恕）こと。「ご寛恕を乞《こ》う」などとつかう。「宥恕《ゆうじょ》」でも同じ意味になる。

尚歯

［しょうし］敬老と同じ意味で、老人を敬うこと。「尚」はたっとぶ、「歯」は年齢の意味。

尾籠

［びろう］大小便の話で、人前でするのがはばかられるときに「尾籠な話で恐縮ですが」などとつかう。

華翰

［かかん］ほかの人が書いた手紙を敬っていう言葉。

夭折

［ようせつ］若くして死ぬこと。「夭」は若いという意味。

端坐

［たんざ］ぴしっと姿勢を正して座ること。「端」は、端正《たんせい》や端的《たんてき》などと同じように、きちんとしているという意味。

伝統的な習慣や行事なのに難読の漢字

大晦
〔おおつごもり〕一二月三一日のおおみそかのこと。「晦」だけなら、各月の最終日の意。

晦日
〔みそか〕月の末日。「晦」をミソ「日」をカと読むのではなく、二文字でミソカ。ツゴモリとも読む。

朔日
〔ツイタチ〕毎月の最初の一日のこと。サクジツとも。こもっていた月が出始める「月立＝ツキタチ」の音便化。

頌春
〔しょうしゅん〕年賀状のあいさつで書く祝いの言葉。「頌」は「頌歌《しょうか》」にも使われているように、ほめたたえる意。

節振舞
〔せちぶるまい〕いわゆる正月のおせち。「節」の読みは、節会《せちえ》、節日《せちにち》など、年中行事にかかわる場合はセチとなる。

賽銭
〔さいせん〕神社にお参りしたときに奉納《ほうのう》するお金。「賽」は、願が成就したときにするお礼参りのこと。

御捻り

［おひねり］お金やお米を紙につつんで〝捻った〟もの。神仏に供えたり、ご祝儀として芸人に渡したりする。

餅搗き

［もちつき］読んで字のごとく、モチをつくこと。「搗」は杵などで打っておしつぶすという意味。

柏手

［かしわで］神社の参拝で手のひらを打ち合わせること。本来は「拍手」で「柏」は「拍」を誤写したものだとか。

人日

［じんじつ］七草がゆを食べる正月七日の節句。「人」も「日」も読みは簡単そうでいて、熟語によってコロコロ変わる。

物日

［ものび］特別な祝い事や祭りが行なわれる日。

初午

［はつうま］二月のいちばんはじめの午の日。全国各地の稲荷神社で祭りが行なわれる。ショゴと読まないように。

上巳

［じょうし］ひなまつり。桃の節句は通称で、こちらが正式名。陰暦の三月はじめの巳《み》の日に祝ったことから。

形代

［かたしろ］祭礼のときなどに、人の災いを移して川に流す紙でできた人形《ひとがた》。

回忌

［かいき］毎年めぐってくる命日。「忌」はこの場合、命日の意。

啓蟄

［けいちつ］二十四節気の一つ。「啓」はひらく、「蟄」は虫が土にこもる意で、「啓蟄」とは、冬眠していた虫がはいだす時期のこと。

参詣

［さんけい］神社や寺にお参りにいくこと。この場合の「詣」は詣《もう》でるという意味。

産土神

［うぶすながみ］土地の守り神。おおむね鎮守《ちんじゅ》様のこと。ウブス（産す）＋ナ（土地）で出来た言葉。

菖蒲湯

［しょうぶゆ］こどもの日に、邪気をはらうために菖蒲の葉を入れた風呂のこと。「蒲」は、蒲《がま》、蒲鉾《かまぼこ》、蒲焼《かばやき》、蒲団《ふとん》など読み方はいろいろ。

旗日

［はたび］祝日と祭日のこと。昔は国旗をかかげて祝っていたことから。「旗」も「日」も訓読みなのがポイント。

夏越の祓

［なごしのはらえ］邪気やケガレを追い払う、六月に各地の神社で行なわれる神事。この「夏」は単にナと読む。

鬼灯市

［ほおずきいち］七月に浅草の浅草寺で行なわれる有名なホオズキを売る市。「鬼灯」は当て字。「酸漿」とも書く。

額衝く

［ぬかずく］おでこ（＝額《ぬか》）を突く（＝衝く）という意味で、ひたいを地につけて拝すること。

新嘗祭

［にいなめさい］初物の穀物を神に捧げて祭る行事。「新饗＝ニヒナヘ」という読みが変化したもの。

重陽

［ちょうよう］陰暦の九月九日、菊の節句。易で陽数とされる九が「重なる」ことから。「重」の読みに注意。

花暦

［はなごよみ］花の咲く季節を四季の順に並べて、観賞する時期や名所を書き記した暦のこと。

祠

［ほこら］神を祝い祭った小さな社《やしろ》のこと。

遥拝

［ようはい］遥《はる》かから拝む＝遠い場所から祈ること。

物忌

［ものいみ］ある期間、縁起をかついで物事を忌《い》む（＝避ける）こと。ブツキと音読みせず、どちらも訓読み。

宵祭り

［よいまつり］祭日の前夜に行なわれる祭り。「宵」は音のショウよりも、訓のヨイと読まれるほうが多い漢字。

護摩

［ごま］護摩壇を設けて護摩木をたき、無病息災を祈る密教行事。「焚く」ことを意味する梵語《ぼんご》のhomaから。

熨斗

［のし］「熨斗をつける」のノシで、進物に添える縁起物。「熨す」は「ノす」と読み、しわをのばして広げる意。

香奠

［こうでん］死者にたむける香の代わりのお金。「奠」は、玉串奉奠《たまぐしほうてん》のテンと同じ意味で、供えること。

恵方

［えほう］その年の福をつかさどる神がいて、めでたいと定められた方角のこと。

悼辞

［とうじ］故人の死を悼《いた》んで述べる言葉。「悼」は追悼《ついとう》、哀悼《あいとう》などとつかうように、人の死を嘆き悲しむこと。

本卦還り

［ほんけがえり］還暦の古い言い方。「本卦」とは六一年目にまわってくる、生まれた年の干支のこと。

簡単な言葉をわざわざ難しくした熟語

午餐

［ごさん］「餐」は食事の意で、午餐は昼食のこと。晩餐なら夕飯で、朝餐は朝食。「餐」の読みはどれもサン。

蒼氓

［そうぼう］人民のこと。「氓」はミンではなくて、偏の「亡」を音にしてボウと読むのが正解。

阿諛

［あゆ］お世辞。「阿」の訓は「オモネる」、「諛」は「ヘツラう」で、どちらも媚《こ》びる意。「阿諛追従《ついしょう》」という四字熟語でおなじみ。

間諜

［かんちょう］スパイのこと。「諜」の意は「うかがう」で、敵の情勢をさぐり知らせること。

瑕疵

［かし］「瑕」も「疵」も訓読みするとキズ。「一つの瑕疵もない」などとつかう。旁《つくり》をそれぞれ読んでカシとなる。

誤謬

［ごびゅう］ミスのこと。「謬」は「誤」と同じで、間違う意。謬見、謬説、謬想など「謬」は、すべてビュウと読む。

鶴首して

［かくしゅして］鶴の首のように首を長くして待ちわびるという意味。「鶴首して待つ」などという。

塵埃

［じんあい］俗世間。「塵埃を逃れる」とよくいう。それぞれ訓読みすれば、チリとホコリで、ゴミという意味も。

麾下

［きか］家来や部下のこと。「麾」は「サシマネく」と読み、指図する意。その「下」にいるから部下となる。

謦咳

［けいがい］咳払《せきばら》い。「謦咳に接する」といえば、自分より目上の人に会う＝直接お目にかかる意。近くで咳払いを聞くことからきた慣用句。

陥穽

［かんせい］人を陥れる策略。「陥穽にはまる」などとつかう。「穽」は「落とし穴」という意味。

眷顧

［けんこ］ひいきにする。どちらの漢字も、かえりみるという意味。「かえりみる×2」で、特別に目をかける意に。

偃息

［えんそく］体を横に休めること。

梗概

［こうがい］「小説の梗概」のようにいい、あらすじのこと。

莞爾として

［かんじとして］にっこり笑って。「莞」がほほえむ意味で、「爾」は「莞」の意味を補助する役目の漢字。

書肆

［しょし］本屋さん。「肆」の意味はいくつかあるが、この場合は、品物を並べるという意味。そこから店となった。

馘首

［かくしゅ］クビ切り＝解雇。「或」が入っている漢字はワク（惑）とかコク（國）と読むが、「馘」は珍しくカク。

譴責

［けんせき］「譴」は「とがめる」意で、過失などをとがめて責めること。「譴責を受ける」などとよくつかう。

規矩

［きく］「規」はコンパス、「矩」は矩尺《かねじゃく》の意でものごとのお手本のこと。

仮寓

［かぐう］仮の住まい。寓話の「寓」でもあるが、その場合は、たとえに真意を含ませる意になる。

料簡

［りょうけん］「料簡がせまい」などとつかい、考えの意。「簡」をカンと読んでしまいがちだが、この場合はケン。

泥濘

［でいねい］「泥濘む」と書けば、「ヌカルむ」。つまり泥濘はぬかるみのこと。

佑助

［ゆうじょ］「天の佑助」などとつかい、助けるという意。「佑」も「助」も同じ意味になる。

偏頗

［へんぱ］頗《すこぶ》る偏っている、つまり不公平。「偏頗な考え」などとつかう。ヘンバと濁って読んでも間違いではない。

邀撃

［ようげき］迎え（＝邀）撃つこと。「激」の旁と同じ「敫」があるからといってゲキと誤読しないように。

佞言

［ねいげん］いわゆる、おべっか。「佞」は人にへつらう意味がある。佞《ねい》人《じん》、奸佞《かんねい》などというときの読みもネイ。

丑三つ時

［うしみつどき］午前二時ごろのこと。単に、夜更けの意味でもつかう。時代劇などでおなじみの言葉。

胚胎

［はいたい］もとはみごもるという意味で、そこから転じて物事の結果をひき起こすもと、兆《きざ》しという意味に。

幇助

［ほうじょ］助けること。「自殺幇助」のように、犯罪を手助けする意も。「幇」の「封」を見てフウと誤読しがち。

瀑布

［ばくふ］滝のこと。「瀑」は高いところから流れる水の意味。それが布のように見えるところから。

冀求

［ききゅう］簡単に書けば「希求する」で、願って求めること。「冀う」と書くと、「コイネガう」と読む。

曝涼

［ばくりょう］本や衣類を虫干しすること。日にさらし（曝）、風に通して冷やせば（涼）、虫食いをふせげる。

諧謔

［かいぎゃく］ユーモア。どちらの漢字も、おどける意。読み方は、旁の「皆」「虐」の音にしたがえばよい。

蘊奥

［うんおう］極意のこと。「技の蘊奥を究める」のようにいう。「蘊」は蘊蓄のウンでおなじみ。「奥」の読みに注意。

畢生

［ひっせい］一生涯のあいだ。「畢生の大事業」などとつかう。「畢」は終わりの意。「生」の読みにも要注意。

幸甚

［こうじん］甚だしい幸＝何よりのしあわせ。「ご返事いただければ幸甚です」などと、手紙の文面でよくつかう。

寂びる

［さびる］古びて枯れた味わいがあるという意味。茶道や俳諧などでいう、ワビサビの「寂《さび》」。すたれることをいう。

熟々と

［つらつらと］よくよく念入りに。「熟々と考えてみると」などという。「熟」は習熟、熟読のように十分すること。

命辛々

［いのちからがら］かろうじて命だけは失わず。「命辛々、逃げ出した」などとつかう。

驀地

［まっしぐら］目標に向かって勢いよく進む様子。マシグラという読みが変化したもの。「驀」は驀進《ばくしん》のバク。

節榑立つ

［ふしくれだつ］手の骨がゴツゴツと角ばっている様子。「節榑」は、山から運び出した節の多い材木のこと。

繙く

［ひもとく］本を開いて読むこと。「古代史を繙く」などとつかう。古い巻物の紐を解くことから。

臈長ける

［ろうたける］経験を重ねること。現代では「臈長けた貴婦人」のように、女性が洗練されているという意でつかうのが普通。

凋落

［ちょうらく］おちぶれる意。「凋」をシュウと誤読しないように。「調」や「彫」と同様、旁が周でもチョウと読む。

終の住処

［ついのすみか］最後に住むところ。「ここを終の住処としよう」などという。「住処」は「栖」とも書く。

棺を蓋う

［かんをおおう］人が死ぬこと。「蓋」に「し」と送り仮名がつけば「ケダし」と読んで、まさしく本当にという意味。

倦まず弛まず

［うまずたゆまず］コツコツと努力する様子。飽きる（＝倦む）ことも、怠ける（＝弛む）こともなく、という意味。

隔世の感

［かくせい］変化が大きく、時代の移り変わりを感じること。「学生時代とは隔世の感がある」のようにいう。

遮二無二

［しゃにむに］がむしゃらに。「遮二無二働いて借金を返す」などとつかう。遮《さえぎ》るものが二つと無いさまから。

今際

［いまわ］死ぬ間際のこと。「祖母は今際の際《きわ》に、遺言を残した」などとつかう。

畏友

［いゆう］尊敬する友。「畏友と呼べる友がいる」などとつかう。

蹉跌

［さてつ］失敗。『青春の蹉跌』は石川達三の有名な小説。「蹉」も「跌」もつまずくという意味。

艱難

［かんなん］難儀なことにあって苦しむこと。「艱難に耐える」などとつかう。「艱」は難《かた》いという意味。

贖う

［あがなう］罪滅ぼしをすること。「贖」は、もともと実刑のかわりに、それ相当の銅をおさめさせた古代の刑罰のこと。

蟄居

［ちっきょ］家にとじこもること。「蟄居の身」などとつかう。「蟄」はもともと、虫が土に隠れるという意味。

悠々自適

［ゆうゆうじてき］俗世を離れて心のままに楽しむこと。「悠々」は余裕のあるさま、「自適」は思いのままの意。

齢傾く

［よわいかたむく］かなり年をとること。「齢傾くころには孫ができて……」などという。

年嵩

［としかさ］年上という意味の古い言い方。「年嵩の兄」のようにつかう。かなりの高齢という意味もある。

耄碌

［もうろく］老いて頭や体のはたらきがにぶくなること。「耄」は年老いたさま。

荊の道

［いばらのみち］苦難に満ちた人生をたとえていった語。イバラはとげのある低木の総称。「茨」「棘」とも書く。

顚末

［てんまつ］「顚」は頂き、「末」は最後の意味で、ことの初めから終わりまでのいきさつ、という意味。

自彊息まず

［じきょうやまず］自分からせっせと励むこと。「彊」は努力する意で、「息まず」は休まないという意味。

力瘤を入れる

［ちからこぶ］おおいに力を入れること。「力瘤」はどちらも訓読みにして、チカラコブ。

掉尾

［ちょうび］最後のこと。「掉尾を飾る」などとよくつかう。「掉尾」は、もともと尾を掉《ふ》る意で、物事の最後に奮い立つ→最後と意味が転じた。

旧套

［きゅうとう］古いやり方のこと。「旧套を脱する」などという。「套」は常套などにもつかうように、ありきたりの意。

奕世

［えきせい］代々という意。「そなたに奕世伝来の奥義《おうぎ》を授けよう」などという。「奕」は、重なるという意味がある。

偕老

［かいろう］夫婦が老いるまで仲良く連れ添うこと。「偕」はともにする意。「偕老同穴の契《ちぎ》り」は結婚式でよくつかわれる言葉。

老次

［おいなみ］年をとること。「老次にかかる」などという。「次」をナミと読むのは、年次、月次、川次などがある。

屍

［しかばね］なきがらのこと。カバネ（＝死人の体）とも読む。シカバネという読み方は「死屍」から。

＊　＊

いかがだったでしょうか。知っているつもりでも、いざ問われると即答できない漢字、見た目はむずかしいけれども、読み方や解説を読んだら、思わず感心してしまう漢字……さまざまな漢字があったと思います。あなたの「漢字力」をさらに高め、より確かなものにするために、本書をしばしば開いていただければ幸いです。

※本書は、河出書房新社から刊行された『読めないと恥ずかしい漢字１０００』と『読めたらスゴイ！漢字１０００』（いずれもＫＡＷＡＤＥ夢文庫）を再編集したものです。

日本語倶楽部

日本語の正しい意味や使い方をはじめ、語源、字源、漢字の読み書き、現代語など興味深いテーマを探究しているグループ。難しい国語の世界をやさしく、わかりやすく説き、実用性に富む知識を提供している。著書には『漢字の形にはワケがある』『疑問だらけの日本語ことわざ・慣用句篇』『死語にしたくない日本語』、共著として『常識な日本語700問』（いずれも小社刊）などがある。

読めないと恥ずかしい漢字1500

二〇〇六年八月三一日　初版発行
二〇〇七年三月　一　日　3刷発行

著　者……日本語倶楽部［編］
企画・編集……夢の設計社
東京都新宿区山吹町二六一〒162-0801
☎〇三-三二六七-七八五一（編集）
発行者……若森繁男
発行所……河出書房新社
東京都渋谷区千駄ヶ谷二-三二-二〒151-0051
☎〇三-三四〇四-一二〇一（営業）
http://www.kawade.co.jp/
印刷・製本……中央精版印刷株式会社

Printed in Japan　ISBN978-4-309-65041-8